12星座で
「いちばん成功する」

獅子座男子の取扱説明書

監修
來夢 アストロロジャー
櫻井秀勲

著
早稲田運命学研究会

きずな出版

はじめに　なぜか気になる獅子座男子の秘密

「いつも自分を信じて生きている」

彼のことをよく知る人たちは、そんなふうに思っているでしょう。

だけど、ときどき、

「ちょっと上から目線？」

と思うような態度を見せることがあるかもしれません。

仲間内の集まりでも、「なんで彼が仕切っているんだろう」と思うこともありますが、
そのほうが事がうまく進んでいくのがわかっているので文句も言えない。

そう、彼ほど頼りがいのある人はいません。その人こそ、獅子座男子です。

子どもの頃からリーダーシップがあって、まさに百獣《ひゃくじゅう》の王ライオンの風格を生まれながらに身につけています。

人は、つい「自分だけがいい思いをしたい」という気持ちになりがちですが、獅子座男子は、そうではありません。高みに行くなら、「みんなと一緒に」という理想を掲《かか》げて、その通りに行動していきます。

そんな彼には自然に、信奉者ともいうべき人が集まります。

獅子座男子は優秀な人が好きですが、弱い人も決して見捨てることはありません。それがまた、まわりの人を惹《ひ》きつけます。

彼は、いつも誇り高く、人に媚《こ》びることがありません。

12星座でいちばんプライドが高いのは牡羊座ですが、志では、牡羊座は獅子座に敵《かな》いません。牡羊座は「1番であること」にこだわりますが、獅子座は、それにこだわりません。こだわらなくても、自分が1番であるというのは、「もとから決まっている当然のこと」だからです。

トップに立つ者には、責任が伴います。

女性でも男性でも、獅子座の人には「面倒見がよい」という共通点がありますが、それは、持って生まれた責任感から来るものです。

国王が国民を愛するように、獅子座の人は自分のまわりの人たちを愛します。

そんな獅子座男子をパートナーとして見た場合、彼は非常に頼もしい存在です。

自分の言葉に責任を持てる彼は、あなたが心から信頼できる人であるはずです。


星座には、牡羊座から魚座まで12の星座がありますが、成功するという点においては、獅子座の男性は、そのナンバーワンに輝きます。

成功するというのは、社会的にも、経済的にも満たされることを意味しますが、獅子座はどこにいても、一目置かれる存在として輝くことができる。そういう人が多い星座だといえます。

そんな獅子座男子に愛されやすいのは、何座の女性でしょうか。二人の関係が発展、持続していくには、どんなことに気をつけていったらいいでしょうか。

恋愛関係に限りません。たとえば、獅子座男性が、家族であったり、同じ学校や職場、取引先にいたら、彼は、あなたにとって、どんな存在でしょうか。


私はアストロロジャーとして、星の教えを学び、それを私とご縁のある方たちにお伝えしてきました。本書は、そんな私が自信を持ってお届けする一冊です。

この本は私の専門である西洋占星学だけでなく、もう一人の監修者であり、早稲田運命学研究会を主宰されている櫻井秀勲《さくらいひでのり》先生の専門である性差心理学の視点から、男性と女性の考え方の差についても考慮して、「獅子座男子」の基本的な価値観や資質、行動の傾向が書かれています。

「獅子座男子」の傾向と対策を知ることで、彼に対する理解が、これまで以上に深まるでしょう。また、それによって、自分自身の価値観を広げ、コミュニケーションに役立てることができます。

私たちは、誰も一人では生きていけません。自分はひとりぼっちだという人でも、本当は、そんなことはありません。

「人」という字が、支え合っている形をしていることからもわかるように、男性でも女性でも、必ず誰かとつながっています。

誰かとつながっていきながら、幸せを模索していくのです。

「おはよう」の挨拶に始まり、「さようなら」「おやすみなさい」で一日が終わるまで、日常的な会話を交《か》わす人、ただ見かける人など、その数をかぞえれば意外と毎日、いろいろな人に出会っていることがわかるでしょう。

私たちは平均すると、一生のうちに10万人と挨拶を交わすそうです。

長いつき合いになる人もいれば、通りすぎていくだけの人もいます。

とても仲よしの人、自然とわかり合える人など、やさしい気持ちでつき合うことができたり、一緒の時間をゆったり過すごせる人も大勢います。

相手のプライベートなことも、自分の正確な気持ちもわからないけど、なんだか気になる、なぜか考えてしまう人もいることでしょう。

誰からも嫌われているという人はいません。それと同じで、誰からも好かれるということも、残念ながらありません。

気の合う人もいれば、合わない人もいる。それが人間関係です。

でも、「この人には好かれたい」「いい関係を築きたい」という人がいるなら、そうなるように努力することはできます。それこそが人生です。

そして、そうするための知恵と情報の一つが、西洋占星学です。

「この人は、どんな人か」と考えたときに、その人の星座だけを見て決めつけるのは、乱暴です。

「獅子座」には、獅子座らしい傾向というものがありますが、たとえば、すぐに主導権を握りたがるという面があったとしても、それだから悪いということにはなりません。

また、ここでいう「獅子座男子」というのは、「太陽星座が獅子座」の男性のことですが、西洋占星学は、その人の傾向をホロスコープで見ていきます。

本文でも詳しく説明していきますが、ホロスコープには、「太陽」「月」「水星」「金星」「火星」「木星」「土星」「天王星」「海王星」「冥王星」の10の天体の位置が描かれます。生まれたときに太陽が獅子座にあった人が「獅子座」になりますが、太陽星座が獅子座でも、月の位置を示す「月星座」がどこにあるかによって、その人らしさは違って見えます。

「私の彼は獅子座だけど、それほど面倒見がいいとはいえない」というような場合には、月星座の影響が強く出ている可能性があります。逆にいえば、月星座が獅子座の場合には、太陽星座が獅子座でなくても、獅子座らしさが強く出る人もいます。

本書は、「獅子座は○○な人だ」と決めつけるものではなく、その星の人が持ちやすい本能ともいえるような特徴などを理解して、よりよい絆を築くことを目的として出版するものです。
あなたの大切な人である「獅子座男子」のことをもっと知って、いい関係をつくっていきましょう。

アストロロジャー
來　夢

安全上のご注意

獅子座男子と、よりよい関係をつくるために

・『獅子座男子の取扱説明書』は獅子座男子の基本的な考え方、行動パターンなどをもとに、よりよい関係性を築くことを目的としております。獅子座を含め、すべての星座の男子に対して、理解とやさしさを持って接してあげてください。

・獅子座男子及び他のどの星座であっても、最初から決めつけたり、相手の存在や気持ちを無視するような行為はやめましょう。

・獅子座男子もあなたと同じ感情や思考を持つ人間です。
意見が合わないとか、気持ちのすれ違いなど、あなたの価値観と多少の不具合が生じ

るかもしれません。可能なかぎり広い気持ちで接することを心がけましょう。

・自分が獅子座男子の場合

この本の内容のような印象で、周囲はあなたのことを見ている可能性があります。あなたにとっては思ってもみないこともあるかもしれませんが、あくまでも傾向の一つとして自分自身を振りかえっていただければ幸いです。

身近な人たちからの指摘で納得できること、自分自身で気になる点などがありましたら、改善をご検討ください。

すでに何かの部分で不具合などが生じている場合は、本書で示す注意点を参考に、あなたの言動の見直しにお役立てください。

★目次

2 Basic Style
獅子座男子の基本

5 獅子座男子との相性

Compatibility

6 Relationship 獅子座男子とのつき合い方

7 Maintenance 獅子座男子の強みと弱点

Option 8

獅子座男子と幸せになる秘訣

12星座で「いちばん成功する」獅子座男子の取扱説明書

執筆協力＝Julia☆

1

Start Up

西洋占星学と12星座について

12星座の始まり

西洋占星学は紀元前の昔から続いてきた

この『12星座で「いちばん成功する」獅子座男子の取扱説明書』は、西洋占星学の12星座の獅子座の研究をもとにしています。

西洋占星学のなかの12星座ですが、日本では1950年頃から研究が一挙に進み、現在多くの優秀な占星術師により、もっとも信頼のおける占術となっています。

早稲田運命学研究会会長の櫻井秀勲は1960年頃、「女性自身」の編集部に配属になったことで、恐らく日本初の西洋占星学のページをつくっています。

それ以後、12星座占いはしだいにポピュラーなものになっていき、女性で自分の星座名や性格、特徴を知らないという人はいないといってもいいほどです。

この12星座のもとになった西洋占星学は、はるか昔、紀元前の頃から始まっています。始まりについてはさまざまな説がありますが、世界最古の文明である紀元前5000〜3000年頃のメソポタミアの時代に生まれたという説もあります。

ここで重要なことは「文明が興《おこ》ると占いも起こる」という点です。これは中国でも同じで、人間は占いなしでは生きられないのです。いや、日本でも武将や貴族たちは、占いを日常的に活用することで、人間の和を保ってきました。

そのようにはるか昔からの長い歴史のなかで、星の動きと自然現象、人間の運命などと結びつけ、細かい情報や研究が受け継《つ》がれて、いまのような形になりました。

それだけに、この占いは正確です。

遊び半分の気持ちで読むのは、もったいない。あなた自身の一生を決めるかもしれない情報と知識が盛り込まれている、と思って参考にしてください。

ホロスコープと星の読み方

この地球に生まれた瞬間の星の位置を知る

西洋占星学は12星座だけでなく、いろいろな情報をあわせて読んでいきます。
・12星座
・10の天体（惑星）
・12で区切られた室（ハウス）
と、最低でもこれらの星と、その星の位置と角度の情報を、一つの円のなかに描いたものがホロスコープ（天体図）といわれるものです。

このホロスコープをつくり、それを読み解くことで、その人の生まれ持った資質と運命を知ることができるのです。

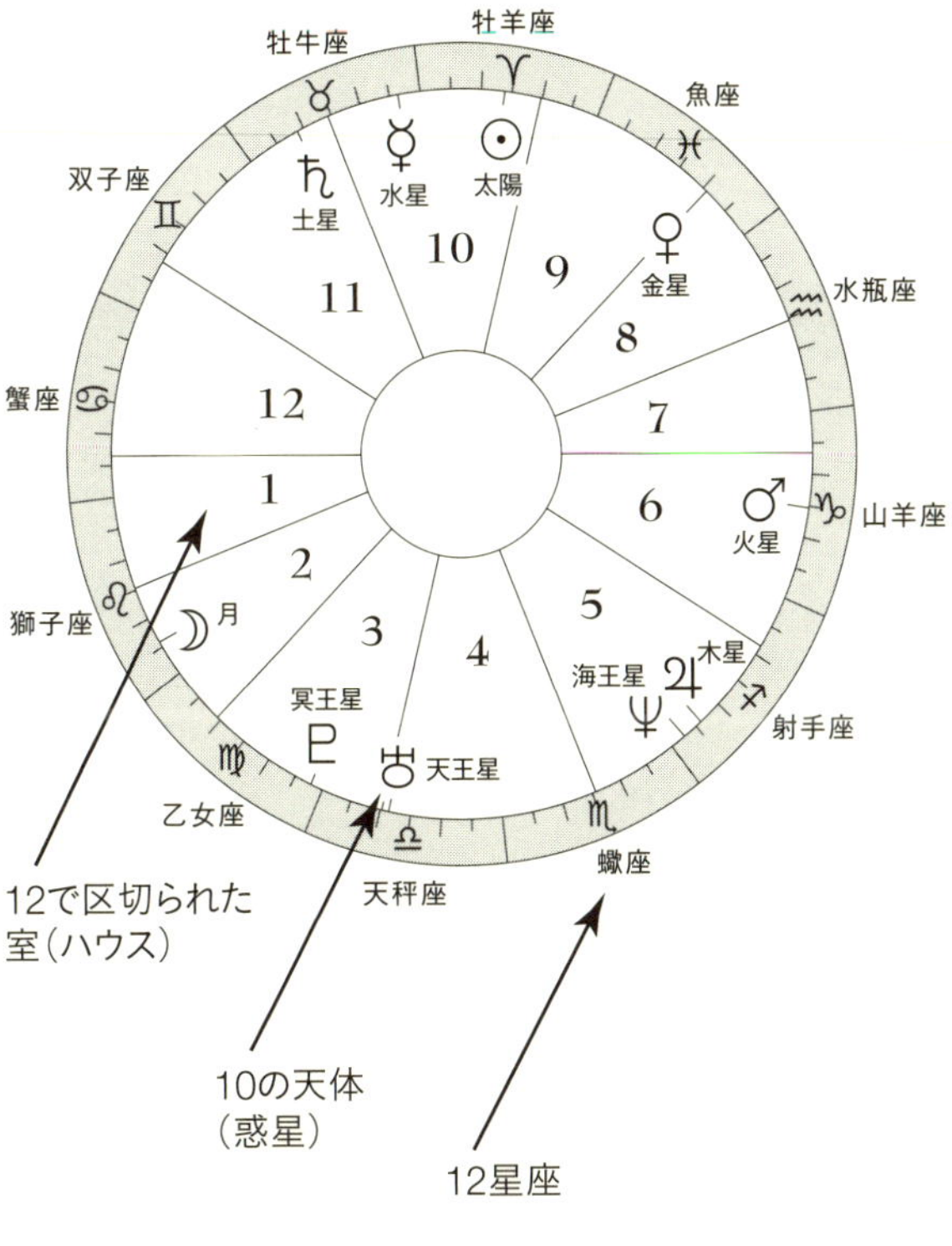

◉ホロスコープ(天体図)の基本

・いちばん外側が12星座
・その内側が10の天体(惑星)
・円の内側の数字は12に区切られた室(ハウス)

ホロスコープ（天体図）には、その人の生まれた日にちと時間、場所による星の配置が描かれます。それは、あなたがこの地球に生まれた瞬間の宇宙の星たちの位置を表すことになります。

あなたがこの地球で生きていくために、持って生まれた才能、起こりうる未来の可能性などを記された人生の地図として活用できます。

かつてイギリスとフランスの王宮には、その国の最高にすぐれた占星術師（アストロロジャー）が召し抱えられていました。いや、いまでもいるという話もあります。

それこそ世界の崩壊を予言したノストラダムスや、20世紀最高の占い師とされた天才キロも、最初は王宮で認められたのです。

これらの占星術師は国に王子、王女が生まれると、王から命じられて、秘かにその方々の一生の天体図をつくり上げました。それには亡くなる年齢と時期まで書かれていた、といわれています。

それほど当たるということです。

この人生のホロスコープを上手に読んでいくと、たとえば自分の苦手とすることや好きなこと、得意なこともわかります。

自分の好きなことや得意なことがわかると、自信を持って、どんどんその才能を伸ばしていくことができます。

また、苦手なことや不得意なことと、どうつき合っていくのかを考える一助になります。あなたの人生において、それらを克服する必要があるのか否かを見極めることもできるでしょう。必要だと思えば、それに挑戦していきましょう。いまの自分には必要ないものだと思うなら、あえてスルーするという選択もあります。

この本では獅子座男子とつき合っている、あるいはつき合うかもしれないあなたを中心に、参考になる情報を提供していきましょう。

守護星となる10の天体（惑星）

これから起こる人生のテーマを教えてくれる

10個の天体（惑星）とは、次の通りです。

ここで大事なことは、占星学では太陽も月も惑星と見なしているということです。

天体（惑星）	記号	意味
太陽	☉	活力・強固な意志・自我・基本的な性格
月	☽	感受性・潜在意識・感情の反応パターン
水星	☿	知性の働かせ方・コミュニケーション能力
金星	♀	愛・美・嗜好・楽しみ方
火星	♂	勇気・情熱・開拓・意志と行動の傾向

木　星	♃	発展・拡大・幸せ・成功
土　星	♄	制限・忍耐・勤勉
天王星	♅	自由と改革・独創性
海王星	♆	直感力・奉仕
冥王星	♇	死と再生・洞察力・秘密

この10個の天体（惑星）は、すべての人のホロスコープにあり、その人の持つ人格や個性のエネルギーを表します。

それぞれの天体（惑星）は、おのおのが違う速度で移動しています。そのために、その天体（惑星）の位置は移動していき、星座は変わっていくというわけです。

たとえば、太陽は獅子座の位置にあっても、月は乙女座、水星は天秤座というように、「10個それぞれが違う星座の人」もいれば、「2個は同じ星座だけど残りの8個は違う」という人もいます。

一人の人でもいろいろな星座の要素を持っていて、それがその人の「個性」となっていきます。

ホロスコープは、その人の生まれた年月日と時間と場所の情報でつくります。その人が生まれた、その瞬間の星の位置を表しますが、実際にこの10個の天体（惑星）は宇宙に存在して、常に動いています。いまも動き、進んでいるのです。

生まれた瞬間の天体（惑星）と、いま現在の天体（惑星）の位置関係、そしてこれからも進み続ける天体（惑星）の位置関係を読むことで、その人に与えられたテーマを知ることができます。

10個の天体（惑星）の動きは、計算によって割り出され、いままでは書籍やインターネットなどで、いまこの瞬間の位置さえも簡単に知ることができます。

この10個の天体（惑星）の動き（位置）がわかると、あなたにこれから起きるテーマまでわかってしまいます。たとえば結婚などの人生の転機や、仕事での成果が得られるタイミングなども予測することができます。

けれども、それは予言ではありません。占星学は情報の一つ。それをどう活かすかは、その情報を受けとった人次第です。

たとえば結婚するのにいいタイミングが来ていたとしたら、あなたはどうするでしょうか。

いまの彼との関係を、これまで以上に真剣に考え、お互い気持ちを確かめることができれば、星の応援を得て、一気に結婚が決まるかもしれません。

「いまの彼との結婚はない」「いまは結婚したいと思う相手がいない」という場合には、新たな出会いを求めて、婚活に力を入れてみることも、もう一つの選択です。

「いまは結婚したくない」と考えて、結婚は「次のタイミング」を待つことにするという選択もあります。

いずれにしても、選択権はその人自身にあるということです。

そして、選択したら、それに向かって努力すること。それなしに、人生を拓《ひら》いていくことはできません。

仕事においても同じことがいえます。「うまくいく時期」「成功しやすい時期」を予測することはできますが、ただその時期をボーッと待つだけでは、たとえそのタイミングが来ても、思ったような展開は望めないでしょう。

成果の出るタイミングが、たとえば2年後だとわかれば、この2年間で何をするのか、ということが重要になります。

この本では獅子座の個性について著《あらわ》していますが、今後あなたが自分のホロスコープを見る機会があるときは、あなたの未来のテーマとタイミングも、ぜひあわせて見てください。そしてそのタイミングの機会を逃さずキャッチすることで、これからの計画や、実際に行動を起こすことが変わります。

自分の個性を活かしながら、未来のタイミングをつかんで、自分の人生を輝かせていきましょう。

生きる意思や基礎になる太陽星座

獅子座男子は成功のチャンスをつかみやすい

テレビや雑誌などでよく知られている12星座占いは、「○月○日生まれは○○座」というように、生まれた日にちで星座がわかるように表しています。

本来、西洋占星学は、生まれた日にちだけの星座だけでなく、10天体（惑星）を総合的に読みますが、そのなかでも、生まれた月日の星座は、生きる意思や基本となる資質などを表すため、とてもわかりやすくその人の特徴を知ることができます。

それは10天体（惑星）の太陽の位置であることから、「太陽星座」ともいわれます。

この太陽星座は、その人がどのようにして、この社会で生きていくか、どのような生き方をするかという、その人の社会的人生の基礎となる部分であり、基本となる性格を表しています。

たとえば、生まれた場所や環境は違っても、獅子座男子は明るく、何に対しても積極的に取り組んでいくという共通点があります。本人が望む望まないにかかわらず、いつもリーダー的なポジションにいるのが「似合っている」というのが、周囲の人の彼に対しての印象でしょう。

生まれた地域や家庭環境、出会う人や関わる人の違いがあるにもかかわらず、同じ星座の人は同じような言動になりがちです。

太陽星座というだけあって、太陽のまぶしい輝きのように、その人はその星座らしくあるときがいちばん輝き、その人らしくいられるのです。

太陽星座は次のように分類されています。

【12の星座】（日にちは二十四節気の中気を目安に、生まれた年によってずれる場合があります）

牡羊座——3月21日（春分）～4月20日生まれ

牡牛座——4月21日（穀雨《こくう》）～5月21日生まれ

双子座――5月22日（小満《しょうまん》）～6月21日生まれ
蟹　座――6月22日（夏至《げし》）～7月22日生まれ
獅子座――7月23日（大暑《たいしょ》）～8月22日生まれ
乙女座――8月23日（処暑《しょしょ》）～9月23日生まれ
天秤座――9月24日（秋分）～10月23日生まれ
蠍　座――10月24日（霜降《そうこう》）～11月22日生まれ
射手座――11月23日（小雪《しょうせつ》）～12月21日生まれ
山羊座――12月22日（冬至《とうじ》）～1月20日生まれ
水瓶座――1月21日（大寒《だいかん》）～2月18日生まれ
魚　座――2月19日（雨水《うすい》）～3月20日生まれ

※（　）内が二十四節気の「中気」となります。

感情のパターンを表す月星座

同じ獅子座男子でも印象が少しずつ違う理由

太陽は昼間を明るく照らし、月は夜の暗闇の静かな時間に輝きます。

昼と夜があって一日となるように、一人の人間も、表に見せている部分だけがすべてではありません。月にあたる「陰の部分」もあわせ持っています。

陰というと、暗く、悪い面のような印象を持たれるかもしれませんが、そうではありません。ふだんは見せない、隠れている面といったほうがいいでしょうか。それがあるからこそ、その人の人生に豊かさや広がりが出てくるのです。

その人の特徴を表す星として太陽星座が大きな影響を与えていることは、これまでに書いた通りですが、太陽星座の次に、無視できないのが「月星座」です。

太陽星座が社会での行動や基本になる人生の表の顔としたら、月星座は、その人の潜在的な心の動きを表す「もう一つの顔」になります。

月星座は、その人が生まれたときに、月がどの位置にあったかで決まります。

月星座が表すものは、その人の感受性や感情のパターンです。

太陽が生きる意思であり、社会的な生き方である反面、月は感受性や感情という、その人の見えない、隠れた部分となります。

「感じる」というのは、日常のなかで誰もが持つ感情です。

喜び、悲しみ、怒り、あきらめ、驚き、嫌悪《けんお》など、一日のなかでもさまざまに感情が動いていくでしょう。

でも感じたことは、言葉にしないかぎり心にしまわれて、表に出ることはありません。

それだけ外には見せない「本音の自分」であるともいえます。

その感情の持ち方にも12星座の特徴がそれぞれ当てはめられており、感じ方がその月星座特有の性質となります。

たとえば、見える部分の太陽星座が獅子座でも、感情の月星座は違う星座という場合もあるのです。社会的には情熱的に見えても、内面はあっさりしている、という人もいることになります。


月は10個の天体（惑星）のなかでもっとも動きの速い星です。約2.5日で次の星座へ移動します。夜空の月を見てもわかるように、日に日に形を変えて移動していきます。ところで生まれた日の月の形がホロスコープを見るだけでもわかります。

たとえば、生まれた日の太陽（☉）と月（☽）の位置がほぼ重なっていたら、新月生まれとなります。つまり、太陽星座も月星座も獅子座だという人は、新月に生まれた人です。

また、生まれた日の太陽（☉）と生まれた時間の月（☽）の位置が真反対の１８０度の位置の場合、つまり太陽星座が獅子座で月星座が水瓶座の人は満月生まれとなり

ます。これについては『月のリズム』(來夢著、きずな出版刊)で詳しく書かれていま
す。

1ヶ月の間でも、月は日々刻々と、位置と形を変えて動いています。

それだけ月は動きが速いので、太陽星座が同じ獅子座生まれでも、生まれた日によっ
て月星座は変わります。

太陽星座と月星座が同じ獅子座の場合は、生きる意思と感情が同じ星座なので、迷うことなく獅子座らしい生き方と感じ方ができます。

太陽星座が獅子座でも、たとえば月星座は水瓶座だという人は、二つの異なる星座の要素が一人のなかに存在しています。獅子座らしい面がある一方で、その人の内面では生きる意思とは違う星座の性質も心に表れてくるので、葛藤や迷いが生まれます。

この葛藤や迷いは、その人だけが感じることであり、周囲の人にはわかりにくいものです。

「月星座」はインターネットで調べることができます。

調べるときは、生まれた月日だけでなく、生まれた時間がわかると、より正確な情報が得られます。月は動きが速いので、少しの時間の差で月星座が違う星座となる場合があるのです。

でもどうしても時間がわからない場合には、生まれた日にちの正午として調べることが通例となっていますので安心してください。

次に月星座の性格と特徴をあげてみましょう。

【月星座の性格と特徴】
牡羊座：目標に向かって積極的に突き進むことができる。熱いハートの持ち主。
牡牛座：温厚でマイペース。こだわりが強い。納得がいかないことには頑固。
双子座：好奇心が強く器用。言語や情報を扱うことを好む。きまぐれで二面性を持つ。
蟹　座：愛情が深く、世話好き。感情の浮き沈みが激しく、仲間意識が強い。

獅子座：明るく陽気で、創造力がある。自信家でプライドが高い。恋愛面では情熱的で大胆な面も。自己中心的な傾向もある。さびしがりや。
乙女座：繊細で清潔好き。分析力が高く、几帳面。他者への批判精神もある。
天秤座：調和を重んじ、常に品格を意識する。対人関係においてもバランス感覚抜群。
蠍　座：隠しごとや秘密が得意。嫉妬心や執着心が強い。真面目でおとなしい。
射手座：精神的成長や探求を好み、自由を愛する。移り気で飽きっぽい。
山羊座：管理能力と忍耐力がある。出世欲を持ち、堅実的な計算能力が高い。
水瓶座：独創的で、楽天的。多くの人やグループとのつながりや交流が持てる。
魚　座：感受性が豊かで優しさにあふれ、涙もろい。自己犠牲的な愛情の持ち主。

太陽星座の獅子座と月星座の関係

彼の月星座は何ですか？

獅子座の基本となる性格に、月星座が加わることで同じ獅子座でも、感情の部分の違いが出ます。月星座を組み合わせることで裏の顔がわかるということです。

太陽星座が獅子座の男子を、月星座別の組み合わせで、その特徴を見てみましょう。獅子座の基本的な性格から見れば思いがけない彼の一面のナゾも、これによって納得できるかもしれません。この特徴は男子だけでなく、獅子座女子にも当てはまります。

【太陽星座が獅子座×各月星座男子の特徴】

獅子座×牡羊座：情熱的で積極的。常に前へ前へと進む勢いと野心を持つ勇者。

獅子座×牡牛座：理想と夢をかなえようとする頑固者。目標に向かってまっしぐら。
獅子座×双子座：好奇心旺盛で活動的。頭がよく、明るい人気者。
獅子座×蟹　座：ロマンティストで感受性豊か。創造意欲が高い。
獅子座×獅子座：向上心が高く、ドラマティックな生き方を求める。面倒見がいい。恋愛では尽くすタイプ。でも相手にも自分以上の愛情と評価を求める。
獅子座×乙女座：知的で高い理想を求める。心配性と大胆な面をあわせ持つ。
獅子座×天秤座：明るくて華やか。社会的な活動に関心あり。根はちょっと頑固。
獅子座×蠍　座：カリスマ性があり勤勉。勘が鋭いが、頑固でプライドが高い。
獅子座×射手座：活発に活動する情熱家。変化を好み、チャレンジ精神旺盛。
獅子座×山羊座：熱心な現実主義者。野心を持って目標に向かっていく努力家。
獅子座×水瓶座：個性的で独特の価値観を持つ。思いやりと勇気のある人。
獅子座×魚　座：感情の変化に素直。繊細で、芸術的なセンスがある。

星のパワーを発揮する10天体の関係

12星座は守護星に支配されている

12星座にはそれぞれ10の天体が守護星となっています。

この守護星は「支配星」や「ルーラー」とも呼ばれており、12星座の基本的な特徴に、10の天体の表す性質が影響を及ぼしています。

長い歴史のなかでも、占星学の初期の頃は太陽・月・水星・金星・火星・木星・土星という7つの星が守護星だと考えられていましたが、その後、天王星・海王星・冥王星が発見され、占星学のなかに組み込まれました。

次頁の表では2つの守護星を持つ星座がありますが、( )は天王星発見前の7つの天体の時代に当てはめられていたもので、天王星発見後も「副守護星」として取り入れられています。

◉12星座と10天体（惑星）

12星座	守護星：天体（惑星）	守護星が表すもの
牡羊座	火 星	勇気・情熱・開拓・意志と行動の傾向
牡牛座	金 星	愛・美・嗜好・楽しみ方
双子座	水 星	知性の働かせ方・コミュニケーション能力
蟹　座	月	感受性・潜在意識・感情の反応パターン
獅子座	太 陽	活力・強固な意思・自我・基本的な性格
乙女座	水 星	知性の働かせ方・コミュニケーション能力
天秤座	金 星	愛・美・嗜好・楽しみ方
蠍　座	冥王星	死と再生・洞察力・秘密
	（火星）	勇気・情熱・開拓・意志と行動の傾向
射手座	木 星	発展・拡大・幸せ・成功
山羊座	土 星	制限・忍耐・勤勉
水瓶座	天王星	自由と改革・独創性
	（土星）	制限・忍耐・勤勉
魚　座	海王星	直感力・奉仕
	（木星）	発展・拡大・幸せ・成功

それにより蠍座・水瓶座・魚座は、2つの守護星を持つことになります。

そしてこの守護星のそれぞれの特徴は、前頁の表のように12星座に強く影響します。

獅子座の守護星は太陽。12星座でいちばん成功するといえる理由が、この守護星にあります。強固な意志と活力を持って、夢や目標に向かっていきます。

自らが太陽のような存在になって、まわりの人たちを照らし、導いていくことが、獅子座男子の役割として約束されています。

2

Basic Style

獅子座男子の基本

獅子座男子の特徴

その人生はエネルギーとパワーに恵まれている

ではいよいよ、獅子座男子の性格の特徴を調べてみましょう。

西洋占星学では、春分の日（3月20日頃）を1年の始まりの日としています。春分の日から始まる12星座のなかで、獅子座は牡羊座から数えて5番目の星座です。生まれてから5つ成長した姿が獅子座ということになります。

自分だけしか見ていなかった「赤ちゃん」から成長して、創造力を持って人生を楽しむ。そのための知識と感性が生まれながらに備わっています。

何もないところから何かをつくり出す才能に恵まれ、何事にも積極的にチャレンジしていきます。その際に発揮される、周囲をも巻き込むエネルギーの強さは12星座でダントツといっていいでしょう。

西洋占星学の12星座は実際に存在して夜空に輝きますが、獅子座には、「レグルス（Regulus）」という星があります。

レグルスは、獅子座のなかでいちばん明るい恒星で、ラテン語の「王」の意味から、その名がつけられています。

この星を持つ獅子座は、誇り高く、威厳があり、まさに王と呼ぶにふさわしい存在感があります。

ここで獅子座を説明するのに無視できない、12星座の分類についてお話しします。

12星座は、「男性星座」と「女性星座」の二つに分けることができます。

その分類は次の通りです。

【男性星座】……牡羊座・双子座・獅子座・天秤座・射手座・水瓶座
【女性星座】……牡牛座・蟹　座・乙女座・蠍　座・山羊座・魚　座

獅子座は男性星座に分類されますが、男性星座だから男らしいということではありません。

中国には、森羅万象、宇宙のありとあらゆる事物は「陰」「陽」の二つのカテゴリに分類するという思想がありますが、それに当てはめるなら、「男性星座」は「陽」、「女性星座」は「陰」になります。

男性星座は外に向かう意識であり、女性星座は内に向かう意識です。

「陽」そのものである太陽を守護星に持つ獅子座は、男性星座の象徴的な存在であり、「父性」を持ちます。ちなみに、女性星座の象徴的な存在は、月を守護星に持つ蟹座で、蟹座には、男女を問わず「母性」があります。

太陽は私たち地球上に暮らす人間や植物、すべての生き物が生きていくうえで必要不可欠なものです。太陽の光が地球に届くことにより、私たちは明るさとあたたかさを手に入れ、命を生み育てていくことができます。

太陽は誰か一人のため、限られた範囲にのみ、その力を発揮するのではありません。

この地球全体、宇宙全体にも関わる、ありとあらゆるものに影響を与える力強い存在です。

そんな力強いエネルギーとパワーを持つ星を守護星に持つのが、獅子座です。

獅子座男子は、それにふさわしいポジションにつけば、リーダーシップを遺憾なく発揮します。

トップに上りつめていくような人は優秀で、傍《はた》から見れば、「挫折《ざせつ》知らず」という人も少なくありません。そういう人は得てして、「できない人」の気持ちが理解できないということがあります。部下は黙って、ついてきてくれるかもしれませんが、心のなかでは反発しているかもしれません。

ところが、獅子座男子のリーダーシップには、できない人も取り込んでしまう包容力があります。

獅子座には親分気質、姉御肌気質があるというのはよくいわれることですが、それはその通りで、子分のためなら一肌も二肌も脱いでしまうような懐《ふところ》の深さがあります。

だから、多くの人に慕《した》われます。自分から声高にリーダーであることを主張しなくても、誰もが知らず知らずのうちにリーダーだと認めてしまう。そんな器量が生まれながらに備わっています。

子どもの頃からクラス委員をしていたり、クラブ活動では部長やキャプテンを経験している人も多いでしょう。年齢が若くても、どこか一目置かれるような貫禄が獅子座男子にはあるものです。

人の上に立つには、人としての信用と信頼を得ることが必要です。そして、仲間を夢や目標に率《ひき》いていくには、知識や情報を持っていなくてはなりません。仲間を危ない方向に進めるわけにはいかないので、その都度の的確な判断力が問われます。

獅子座は、そのための努力を怠《おこた》ることはありません。

リーダーは、ただその資質さえあればリーダーになれるかというと、そんなに簡単ではないでしょう。

仲間内にはもちろん、ライバルにも優秀な人たちはたくさんいます。そのなかでリーダーと認められるのは、それだけの努力を惜しまないからです。

だからこそ、リーダーとしてもっとも大切な「夢」や「ビジョン」を描き、少しでもよい未来へとつなげていけるように、一つずつ目の前の夢をかなえていきます。

人は、暗いところより明るい場所へ行こうとします。それは本能に近いもので、そのほうが安全で安心できるからです。

いつも元気で明るい獅子座の周囲には人が集まり、獅子座男子は、そこに集まる人たちの期待を裏切ることはありません。

それが社会的な成功につながっていきます。

生まれながらのキングである獅子座は、地位や名誉も嫌いではありません。

無冠の帝王もカッコいいですが、でも、「やっぱり冠はあったほうがいいよね」というのが本音です。それだけが目的になることはありませんが、地位や名誉を獲得するための努力も惜しみません。

獅子座男子には、創造していく才能があります。自分が学んだことから、新しい次のものを生み出すこともできます。

いままでにはなかった商品やサービスのアイデアを形に変えて、会社のなかで出世したり、独立してビジネスを起ち上げたり、ということも、獅子座男子にはめずらしいことではありません。

けれども、新しいことにはリスクが付きものです。時に、不安や恐怖を感じるような事態になることもあるでしょう。それでも獅子座男子は、それを表に出すことはありません。

自分がオロオロしたりしてしまえば、そこにいる人たちの心配をかき立てることになるとわかっているからです。

それがリーダーとして生まれついた獅子座男子の誇りです。

では、そんな獅子座男子の「基本」を押さえておきましょう。

【獅子座男子の基本】
守　護　星：太陽
幸運の色：オレンジ・真紅・ゴールド
幸運の数：1
幸運の日：1日・10日・28日
幸運の石：ダイアモンド・サンストーン・ルビー
身体の部位：心臓・目・脊髄
そ の 他：広い場所・野外・黄金・日曜日

【獅子座男子の資質チェックシート】
□ あれこれ妄想するのが好き
□ 元気で明るい
□ 命令されるのが嫌い

□ さびしがりや
□ 目立つポジションにつきやすい
□ 面倒見がよい
□ 短気なところがある
□ いつも目標や夢を追いかけている
□ 友人が多い
□ ドラマティックな演出が好き

資質チェックシートで3つ以上「✓」があれば、「獅子座」の典型男子といえます。「彼にはまったく当てはまらない」という場合には、彼には「太陽星座」以外の惑星の影響が強く出ているということがいえます。

前にホロスコープについて書きましたが、人が生まれたときの星の位置によって、それぞれの性格や資質といったものの傾向を見ていくのが西洋占星学の基本です。

彼が「獅子座」だというのは、太陽星座が獅子座だということですが、それは、生まれたときに太陽が獅子座の位置にあったということです。

そして、人の性質の傾向は太陽星座に大きく影響されますが、人はそう単純ではありません。

同じ日、同じ時間に生まれた双子でさえ、その性質には違いがあります。それはもちろん西洋占星学だけでは説明のつかないこともありますが、その人の詳細なホロスコープを見れば、その違いがわかります。

同じ獅子座でも、みんなが同じということはありません。

たとえば前でも紹介した月星座を見ることでも、また別の分類ができます。

人によっては、あるいは同じ人でも、つき合う相手との関係においては、太陽星座よりも月星座の性質が強く出ることがあります。

また、「資質チェックシート」で彼に当てはまるものが少なかった場合に考えられるのは、彼があなたに本当の姿を見せていないということもあるかもしれません。

いつも明るくて元気に見えている彼は、さびしがりやなところもあります。けれども孤高であることにも耐えられる強さがあります。

「何を言っても彼は反応してくれない」というときには、あなたの言い方が、彼には失礼に聞こえているかもしれません。

獅子座男子は誇り高く、人から命令されたり指図《さしず》されることを好みません。そんな彼の本音を探り理解していくことが、彼との関係を縮める一歩になるはずです。

獅子座男子のキーワード

強い意志！ 明るい！ 向上心がある！

あなたは自分の性格をどんなふうにとらえているでしょうか。

性格というものは親からの遺伝によるところも大きいでしょうが、親とはまったく似ていないという人も大勢います。

ではその性格はどうやって形づくられるのかといえば、それは生まれたときの宇宙の環境、つまり星の位置によって決まるといっても過言ではありません。

12星座にはそれぞれ性格の特徴があります。それぞれに、よい面もあれば、悪い面もあります。

獅子座男子にも次にあげるような長所、短所があります。

［長所］　　　　　　［短所］

誇り高い　　　↕　　自己中心的

明るい　　　　↕　　大げさ

創造力豊か　　↕　　妄想しやすい

向上心がある　↕　　野心家・名誉欲が強い

親分肌　　　　↕　　支配的

長所と短所は背中合わせで、よいところであっても、それが過剰に表れれば、短所として他の人には映ります。

獅子座は12星座のなかでいちばん誇り高くありたいと思う星座です。誇りを持つのは悪いことではありません。極端な言い方ですが、誇りもないような人を人生のパートナーにしたいと思う人は少ないでしょう。けれども、それが行きすぎると、他者には、自己中心的な態度に映ります。

時にはそれが威圧的な物言いに感じられたりもします。相手が気の弱い人であれば、「あの人には逆らえない……」という気持ちにさせて、それが思いがけない恨みを買うことになってしまうかもしれません。

獅子座男子は、よくも悪くも目立つ存在です。目立つ人がいれば、目立たない人がいます。彼にしてみれば、その場を盛り上げたいと思ってしたことが、周囲の人たちに反発されることもあることを知っておきましょう。

彼に対して、「なんだか偉そう」「また出しゃばってる」というような気持ちを抱くときには、獅子座の本質を思い出してください。

いつも大勢の人たちに囲まれているイメージがある獅子座男子ですが、逆に、そうでないときの彼は、いたたまれないような気持ちになりがちです。

人には、一人でいるのが好きな人もいれば、大勢のなかでこそ自分らしくいられるという人もいて、獅子座は間違いなく後者です。

いつも太陽のような存在でありたい彼は、明るい環境を好み、その場所にいることで安心します。その明るい場所は一人よりも二人、できるなら大勢でワイワイとにぎやかな場所や環境にいたいと思っています。当たり前ですが、たとえ人が大勢いようとも、辛気《しんき》臭い場所や暗い状況は苦手です。

「孤独感」や「寂しい思い」をすることが耐えられません。だから、みんながいる明るい場所を好むということもあるようです。

創造力に恵まれた獅子座は、いろいろなものをつくり出します。それは実際のものとはかぎりません。頭のなかで、自由な発想を繰り広げていくことも得意です。

他の人から見れば、その時点では現実離れした「妄想」に近いものであっても、それがいつのまにか「ビジネス」につながったりするところが、獅子座男子のすごいところです。

たいていの人は、アイデアを思いついても、思いついただけで終わってしまいがちです。

自分が考えだしたこと、あるいは人が考えだしたことでも、「たいしたことじゃない」と思って、そのままにしてしまいます。けれども獅子座は、ちょっとした思いつきのようなことでも、それが素晴らしいと思えれば、心から感動できるのです。「人を動かす原動力は感動にある」というのは、獅子座男子のことで、彼のアンテナは、心を動かすもの、ドラマティックなことに触れると、たちまち反応して、行動に移していきます。

感動は、しばしば人を大げさにさせます。でも、そこから始まる可能性を考えたら、少しも大げさなことではなく、「もっと喜びたいくらい！」と彼は思っているかもしれません。彼のほうこそ、ちっとも感動していない相手が不思議でならず、それで、つい感動を強要してしまったりするところが、誤解の元といえそうです。

感性と価値観は人それぞれ違います。相手が感動すればするほど、自分との温度差を感じてしまうことがあります。

自分という存在を尊重する獅子座は、自分を大切にしてくれる場所や社会的地位を好みます。そうなるための努力も惜しみません。

獅子座男子は、そうした努力や成果がきちんと認められて、「昇進したい」「報酬を上げたい」と思うのは当然のことだと思っています。

昨今、「会社で出世したいとは思わない」という人が増えてきました。そのために頑張ったりするのは恥ずかしいことだとする風潮さえあるほどです。本音では昇進したい、成功したいと思いながら、その気持ちを隠している人もいます。

これが獅子座には理解できません。自分に正直な獅子座男子は、自分の野心や努力を隠したり、恥ずかしいと思ったりすることはありません。それが周囲には、「権力志向が強い人」と映ります。

どんな人も、いい面ばかりではありません。そのかわりに、悪い面ばかりという人もいません。欠点があるのはお互い様です。

獅子座の本質を知り、相手のペースや言動にふりまわされることなく、自分らしく、上手につき合っていきましょう。

神話のなかの獅子座

より強い自分になるための試練

夜空に広がる星たちは、さまざまな星座を形づくっています。あるときは勇者であったり、あるときは動物や鳥などの生き物、または日常で使う道具となって語り継がれ、その多くは神話として残されています。

現代では夜も暗くならない都会や、空気の悪い場所では、とても明るい光を放つ星以外、星座という形で見ることのできる機会は、少なくなってきました。

それでも、そうして神話が語り継がれてきたからこそ、私たちは星座の一つひとつを知り、その教訓を星の教えとして学ぶことができます。

獅子座にも、次のような神話があります。

獅子座の獅子は、ヘラクレスと戦った強い獅子が星になったものといわれています。

もともとヘラクレスは全能の神ゼウスと愛人の子どもでした。ゼウスの本妻ヘラは、やきもちを妬《や》いて、ヘラクレスに呪いをかけ、彼を錯乱状態にします。その錯乱状態のなかで、ヘラクレスは自分の妻と子どもを殺してしまうのですが、その罪滅ぼしに旅に出ることになりました。

その旅で最初に出会ったのが、この獅子です。獅子はネメア（ギリシアにある古代遺跡）の森に生息しており、凶暴で人や動物を食い殺すと恐れられていました。この獅子の皮は鉄よりも硬く、爪や牙《きば》も鋼鉄のように強いものでした。

ヘラクレスは何日もかけて、この獅子と戦いました。凶暴な獅子にはヘラクレスの武器はどれも役に立たず、最後は素手で絞め殺し、ようやく退治することができました。

獅子はヘラクレスに負けてしまったわけですが、その健闘を讃《たた》えて、ヘラが星にしたのです。

勇者と強靭《きょうじん》な獅子との戦いという、とても勇敢な神話を持つ獅子座ですが、このストーリーには、獅子座の本質を示す「ダイナミックな強さ」が盛り込まれています。それと同時に、強さの陰には「弱さ」もあることを表しています。

鉄よりも硬い皮や、鋼鉄のような爪や牙を持つ獅子は、強さの象徴といっていいでしょう。勇者ヘラクレスも相当な強者のはずですが、その強さをもってしても、ヘラクレスは手こずります。

神話では、戦いの後、ヘラクレスはこの獅子の皮をはいで、鎧《よろい》がわりにしたとされています。また爪や牙も同様に、自分の武器に加えました。

ヘラクレスは、それをすることで獅子の強さを自分のものとし、より強い自分となったという見方があります。

一方で、ヘラクレスは、本来の自分の弱さを隠すために、獅子の皮を鎧としてまとったという見方もあります。

この神話は、ヘラクレスの「強さ」というところだけに注目されがちですが、そもそもヘラクレスが旅に出たのは、呪いをかけられた「弱さ」が原因です。

会社の社長や重要なポジションにある人は、会社と社員たちを守っていかねばなりません。日頃は自信満々に見えていても、その肩には多くのプレッシャーと責任がのっています。

「いっそ逃げ出してしまいたい」という気持ちを持ったことがない経営者はいないでしょう。会社を背負っているプレッシャーが、時に、そんな弱さを引き出します。

社会的地位や権力、背負う責任が大きければ大きいほど、自分の判断一つが命取りになることがあります。

そんな重圧があっても、威厳と品格を守り通そうとするのが獅子座です。

強さのなかには弱さがあることを知りつつ、なお堂々と前に進んでいけるかどうか。

それが神話が教えてくれた、この星座に生まれた人に与えられたテーマです。

獅子座男子の性格

自分の思いに正直に生きていく人

星座にはそれぞれ、キーワードがあります。

獅子座のキーワードは「I will」。私は志《こころざ》す（意志）。

このキーワードには自分自身の強い意志が表されています。自分というものの存在自体から始まり、生き方、考え方など行動のすべてにおいて、「自分」が必ず「核」にあるのです。そして、その自分の意志を果たすためのエネルギーの大きさと強さは、12星座でトップクラスです。

自分を強く主張するのは、「協調性がないと思われるのではないか」と心配して、それができない人もいます。ことに日本人はその傾向が強いようです。

けれども、意志を持つことも、それを主張できるというのも、とても大切なことです。それなくして、自分の夢をかなえることはできません。

獅子座男子は、夢や理想に向かって努力し、それを実現できる人です。

「○○したい」

「○○と考えています」

ということを自分の言葉で、相手に伝えることができます。

「そんなことをしたら嫌われるかもしれない」などとは、露《つゆ》ほども思いません。

自分が「これ！」と思ったら、迷うことなく、推し進めていくパワーがあります。

それだけ自信を持っているので、まわりの人たちからすると、傲慢《ごうまん》に感じられるときもありますが、かといって、人の意見はまったく聞かないかというと、そういうこともありません。

物事を進めていくうえで大切なのは、情報収集です。他の人の意見も貴重な情報となります。だからこそ、自分以外の人たちの話にも耳を傾けます。

人の話を聞きすぎて、本来の目標から外れてしまっては本末転倒ですが、獅子座には、そうならない芯の強さがあります。

この本のタイトルにある通り、12星座でいちばん成功する獅子座男子は、言い方をかえれば、自分の考えや思いに正直に生きていく人です。

もちろん、獅子座生まれであれば、誰でも成功できるとはかぎりません。運命はそんなに単純ではありません。

けれども、成功しやすい資質を持っているということは、否定できません。

ところで、「成功する」とは、具体的にいえば、どんなことでしょうか。

会社で成功するといえば、他の人にはなかなかできない成果を出したり、そうしたことが認められて、出世したりすることでしょう。

あるいは、自分でビジネスを起ち上げて、自由な働き方を選択できるということも、成功といえるでしょう。

起業するしないにかかわらず、お金を稼いで、経済的に困らない生活を手に入れるということも、もちろんあります。

お金には縁がなくても、まわりの人たちから慕われ、そこに人生の充実感を見出す成功もあるでしょう。

今回の自分の人生で、何を求めるのか。その求めるものを自分のものにして、人生を謳歌《おうか》していく。それこそが獅子座にふさわしい生き方です。

まわりの人たちにとっては、近くにいると頼れる存在。いつも明るく、独特な感性で周りを巻き込み、一緒に高みへ連れていってくれる人。

獅子座男子には、どこか「この人についていきたい」と思わせるような、人を惹きつける魅力があります。そんな彼こそが、多くの人から認められる真のリーダーといっていいでしょう。

3

Future Success

獅子座男子の将来性

獅子座男子の基本的能力

頼られる存在として、仕事で成果を残す

獅子座男子は誇り高い星座ですが、誰かの陰になることも嫌いではありません。ただし、常にグループのご意見番であるとか、頼られる存在でありたいという願望はあります。

時に、大胆な行動や大げさなわかりやすい動きをします。これだけだと、「目立ちたいだけね」となってしまいますが、獅子座はそうではありません。きちんと人に見てもらえるだけの説得力を持っているのです。

比較的カンタンな仕事にも真面目に取り組み、それによって成長しようとする姿勢も見せます。そして、そんな自分をほめてほしいと思っています。

自尊心が高く、そのために「恥ずかしいことをしたくない」「常に堂々としていた

い」という思いがあるために、結果を出すための努力を惜しむことはありません。

ところで、実際のライオン（獅子）は、群れをなして行動します。その群れを「プライド」というそうです。

リーダーのオスライオンは、自分の群れを、襲ってくる敵から命をかけて守ります。もしも敵に負けるようなことがあれば、そのリーダーは群れから去らなければなりません。たった1匹で生きていかなければならなくなります。もともと群れで生きていく動物が、そこから離れて生きていくことは難しく、たいていは、間もなくして死んでしまうそうです。

獅子座男子も一人では生きていけません。ライオンと同じように、自分の仲間や家族を命をかけて守っていきます。

また獅子座男子は、豊かな創造性を持ち、ドラマティックな展開を好みます。

というと芸術家タイプ？　と思うかもしれません。

その才能も十分に持ち合わせていますが、ただの芸術家ではありません。他に例を見ないような強烈な個性を持っていたり、あるいは商業的に高額な収入を得ていたり、どこか「極端」な部分を持っています。

どんな職業についても、強烈な才能を発揮できてしまうのが獅子座です。

仕事面では強烈な個性を表現できない公務員や会社員の場合には、変わった柄のネクタイをしたりして、服装や持ち物に「個性」が顔を出します。独特なスピーチやプレゼンで「個性」が出ることもあります。

目立ちたがりに見えてしまうところはありますが、正直で、嘘がつけない性分です。面倒見がよく、困っている人を見ると助けたくなります。

人は夢や高い目標に向かっているようなときには、自分のことだけで精一杯になってしまいがちですが、そんなときにも獅子座男子は周囲への気くばりを忘れません。

いまはまだ成功しているとはいえない彼でも、着実に高みをめざして進んでいきます。そんな将来有望な彼をサポートして、あなた自身もワンランク上の人生を手に入れてみませんか。

【獅子座男子のスペック】

行動力：★★★★☆（4つ星）目標に向かって努力する
体　力：★★★★☆（4つ星）陽気で楽しいことが好き
情　熱：★★★★☆（4つ星）常に向上心がある
協調性：★★★☆☆（3つ星）親分肌でリーダー的存在
堅実さ：★★★★☆（4つ星）夢をかなえるために頑張れる
知　性：★★★★☆（4つ星）必要とあらば、よく学ぶ
感受性：★★★★★（5つ星）個性的で、感動好き
総合的な将来性：★★★★☆（4つ星）

獅子座男子の適職

人から評価され、大切にされるポジション

どこにいても注目される獅子座男子は、「見られる仕事」に向いています。

また人生にドラマティックな傾向を好む獅子座は、「演じる」ということも得意です。

「演じる」というと俳優や芸能関係を想像しがちですが、社会的なステータスのあるものや人気の職業も獅子座の素質を生かすことができる職業です。

裏方であっても自分の仕事が価値あるものと認知できれば、それをするのも、決して嫌ではありません。

獅子座男子は、人から評価され、大切にされることで、自尊心が大いに満たされ、仕事に対する意欲も増していきます。

人は誰でも評価され、認められることを望みます。

「評価されたい」「認められたい」という思いは、多かれ少なかれ、すべての人が持つ願望といってもいいでしょう。

獅子座の場合、それは生き方そのものに当てはまります。ふだんの生活から仕事や趣味に至るまで、何事においても認められたいと願っています。

そして、ただの願望だけで終わらないのが獅子座男子。常に有言実行で、きちんと認められるような結果を残し、そのための努力も惜しみません。

仕事だけでなく、人とのつき合い方でも、自分の言葉に責任を持って、信頼関係をつくれるような言動を心がけています。

結果を残し、信頼関係が築ける人は、人から尊敬され、社会での評価も上がります。それがこの本のタイトルにもある通り12星座で「いちばん成功する」可能性を持っているということなのです。

会社員になったとしても、自分の意見を通せるポジションをめざして活動していきます。

かといって出世のためだけに仕事をしているかというと、そうではありません。

獅子座男子は、働くことが決して嫌いではありません。仕事を通して得られる充実感、達成感を、人生の喜びにつなげていくことができるのです。

【獅子座男子が向いている職業】

俳優、ミュージシャン、テレビタレント、映画監督、芸能関係全般、流行の職業、政治家、弁護士、会社経営者、フリーランス

【獅子座男子の有名人】

孫正義、吉田松陰、司馬遼太郎、五味太郎、古田敦也、円純庵、バラク・オバマ、中居正広、中山秀征、坂本昌行、貴乃花光司、安住紳一郎、東野幸治、さかなクン

獅子座男子の働き方

義理と人情を持って目標を達成する

自己顕示欲が強く、自分が輝きつづける場を求める獅子座男子は、より高いステータスをめざして働きます。ただし、その過程には楽しみや喜びというものも欠かせないのが獅子座ならではの特徴の一つでしょう。

なので、出世のために嘘をついたり、卑怯なことをしてでも這い上がっていくというようなことはしません。そんな器の小さいことをしないのが、獅子座のダイナミックで素敵なところです。一生懸命努力しつつも、決して人を裏切ったり、小さいことをごまかしたりはしないのです。

もちろん愚痴をこぼしたりするようなこともありません。

獅子座は自分の責任として後輩や部下の面倒もよく見ますし、世話もやきます。そうしながらも自分の目標に向かって努力ができるのです。

たとえば王様は国民の生活や環境を面倒見ながら国政を動かし、同時に国を守るための戦いに備えて自分の身体や武術も鍛《きた》えます。

自分の「成功」ももちろん大切な目標であっても、周囲の人にも義理と人情で接することができるのです。

そんな獅子座男子は女性からはもちろん、後輩や、彼の仕事に関わる人たちに尊敬されたり好かれたりします。そのことで、また評価も上がって、成功の道に進みやすくなるわけです。

また、クリエイティブなセンスも持つのが獅子座です。

たとえば営業をするときには、「ちょっと変わった方法で商品を紹介してみよう」とか、「いままでは地味な色のファイルだったけれど、ちょっと明るい色にしてみよう」もしくは「会社のロゴをつくって入れたほうがいいのではないか」というように、その環境のなかで「普通」「常識」と考えられていたことでも、ちょっとアクセントをつけたり、新しい手法を生み出したりすることが得意なのです。

このように、獅子座の感性や発想は才能であり、長所でもありますが、企業などではあまり自由に、それらを発揮できない場合もあります。

仕事は思い通りにはいかないもの。会社員であれば、それが当たり前という人もいるでしょう。リーダーシップのある獅子座は、「それは仕方がないこと」とあきらめる潔《いさぎよ》さがあります。だから、多少のことには動じませんが、あきらかに自分に対して攻撃してきたり、邪魔をする人には容赦なく徹底的に戦うのも、獅子座の強さであり、熱い部分でもあります。

仕事でも成果を出し、他の人の面倒も見るというと、一見とても器用な人のようにも思えますが、獅子座男子は、じつはまったく器用ではありません。単純でわかりやすく、ほめられると喜んでちょっと調子に乗ってしまう、正直な心を持っているのです。

獅子座男子の金運

大胆で豪快、運を味方にできる

王様的な気質を持つ獅子座男子はケチらないので、お金遣いも豪快です。派手で、にぎやかなことが大好きでもある獅子座は、飲み会などの集まりに誘われれば気前よく参加することはもちろん、自分が主催して計画を立てたりもします。仕事によっては、パーティを開いたりすることもあるかもしれません。

もともと獅子座は、黙っていても目立つ存在です。会合に出れば、自然と知り合いが増えていく、という人は多いでしょう。

けれども、ただ知り合いが増えるだけでは、金運にはつながりません。そこで出会った人たちと信頼関係を築いていくことが大切なのです。

信頼関係があって初めて、知り合いは人脈となり、それが金脈へと変わっていきま

す。

時には外に出かけるのもよいでしょう。持ち前のクリエイティブな才能を開花するアイデアが見つかったり、思いがけない出会いから、新たなビジネスが生まれたりします。

ゲームやギャンブルでも、運が味方してくれるのが獅子座です。とくに競馬や競輪など、屋外で開催されるもので、幸運日に重なっていたりすると勝ちやすくなります。株や投資についても、運の流れやタイミングを見て投資するとよい結果につながりやすくなるでしょう。

ただし生まれ持って楽観的なところと大胆なところがあるので、あまり無理をしたり、運任せにならないように注意が必要です。

獅子座男子の健康

心臓・目・脊髄・循環器系に関する病気に注意

太陽の位置や月の満ち欠けなど、星たちの動きは、自然界だけでなく、人の身体にも大きな影響を与えています。

たとえば、太陽の光が輝く昼間は活発に動き、夜になると眠くなるという日常の身体の現象をはじめ、女性の生理周期は月の周期とほぼ同じです。また、満月の夜にいっせいに産卵するウミガメや珊瑚の例もあります。人間でも満月の夜に性交する男女が多いことを、以前、英国の軍隊が確認したというレポートもあるほどです。

医学の父と呼ばれるヒポクラテスも占星学を研究し、実際医療に活用していました。これを占星医学といいますが、12星座の身体の部位の関係は否定できません。

【星座】　【身体の部位と、かかりやすい病気】
牡羊座――頭部、顔面、脳
牡牛座――耳鼻咽喉、食道、あご、首
双子座――手、腕、肩、肺、神経系、呼吸器系
蟹　座――胸、胃、子宮、膵臓、食道、消化器系、婦人科系
獅子座――心臓、目、脊髄、循環器系
乙女座――腹部、腸、脾臓、神経性の病気、肝臓
天秤座――腰、腎臓
蠍　座――性器、泌尿器、腎臓、鼻、遺伝性の病気
射手座――大腿部、坐骨、肝臓
山羊座――膝、関節、骨、皮膚、冷え性
水瓶座――すね、くるぶし、血液、血管、循環器系、目
魚　座――足（くるぶしから下）、神経系

前頁の一覧を見ると、獅子座は「心臓、目、脊髄、循環器系」となっていて、その部位の病気にかかりやすいのです。

獅子座のマーク「♌」は、獅子の尻尾を表しているといわれていますが、心臓の形だという説もあります。

ここで重要な点は、健康問題が起きやすいということは、その部位をしっかり使っているということです。獅子座が心臓や脊髄を指すのは、それだけ一生懸命生きているということです。

「生きている」というのは当たり前すぎるかもしれませんが、心臓の鼓動は全身に血液を送り、人間が生きるためになくてはならないものです。心臓が動いているからこそ、他の臓器や神経が動いていきます。心臓は、生きていくための「基本の臓器」ともいえるもので、命の証明となるものです。

まず心臓が毎日同じリズムで血液をからだ中に送ることで体温という熱を発生させ、酸素や必要な栄養分を各臓器に送り込みます。この心臓のリズムが狂うと病気になります。当たり前のことですが、心臓が止まれば死んでしまいます。

時折、獅子座は熱くなります。短気なところがあるので、すぐに怒ったり、夢中になったりします。そんなふうに興奮したりすれば、心臓に負担がかかります。いつものリズムでは追いつけなくなって、不具合を起こしやすくなります。それが狭心症《きょうしんしょう》や心筋梗塞《しんきんこうそく》といった病気を引き起こすのです。

心臓に負担がかかると、全身にめぐる血液がうまく流れなくなったり、栄養を運べなくなったりします。その先の臓器にも影響が出てしまいます。

脳梗塞や高血圧の症状が出やすくなったり、動脈硬化にもなりやすくなったりしますが、このような血液の疾患は、目にも影響を及ぼします。

細かい血管が張りめぐらされ、脳にいちばん近い目は、網膜の血管の状態で、いろいろな病気の症状が出やすい場所とされています。

また脊髄も心臓と同様、人間の身体の中心にあって、なくてはならない役割をしています。脊髄は脳からの信号を全身に送ったり、すべての神経の基本となる部分です。

「熱い」「冷たい」「痛い」という感覚から、どの指を動かすかという指令まで、身体全体に送っているのです。

獅子座は贅沢なので、食事をするにしても、つい豪華なものになりがちですが、それが続けば、高血圧や動脈硬化、ひどい場合は心筋梗塞を起こしやすくなります。

外食が続いたら、栄養のバランスを考えたり、量を八分目にするなど食事を制限したりするとよいでしょう。

またアルコールやタバコなども、自分が好きなことなら、やめる気はないでしょう。ただし、獅子座の場合、病気になると命に直結するという覚悟が必要です。

運動ももちろんよいのですが、夢中になりすぎたり興奮したりしやすいので、からだの調子に合わせながら、続けていくことです。

獅子座男子の老後

いくつになっても変わらない明るさが人を惹きつける

いつも大勢の人に囲まれている獅子座男子は、老後といわれる年代になっても、にぎやかなところが大好きです。

外出することも好きなので、病気やケガなどで寝たきりにならないかぎり、自分が行きたいと思えば、いろいろな場所に出かけていきます。

スポーツや登山、釣りやウォーキングといった野外での活動に楽しみを見つける人も多いかもしれません。

現役の頃からの人づき合いは続いて、顔も広く、あちこちに知り合いがいます。そんな人たちから頼まれ事があれば快く応じ、年をとったからといって、引きこもってしまうということはありません。

親分肌なところはいくつになっても変わらず、というより、若い頃よりも拍車がかかって、家族や仲間に何かあると放っておけずに、間を取り持ったり、調整役を引き受けたりもします。

時には、威圧的になることもあるかもしれませんが、面倒見のよさも健在で、何かのリーダー的なポジションも必然的に一生ついてくるでしょう。

たとえ明確なポジションや役割が与えられなくても、存在感は隠せません。

何か問題が起きたときに

「◯◯さんに一回相談してみよう」

「◯◯さんだったら助けてくれるかも」

というように、周囲の人たちにとって頼れる存在になっています。

12星座で「いちばん成功する」獅子座男子は、その通りに、社会的地位を獲得したり、栄光に輝いた経験を持つ人も少なくないでしょう。「いい時代」のことが忘れられずに、思い出に浸ってしまうこともあるかもしれません。

また、つい昔の部下に言うように命令口調で話をしてしまい、冷ややかな目で返されたりということもあるかもしれません。

けれども、そんなことには動じない明るさが、彼にはあります。

その明るさが、また人を惹きつけます。その意味で、獅子座男子は、年をとってもモテモテです。

過去の栄光は、何年たっても、色あせるものではありません。

彼が一生懸命に努力し、残してきた素晴らしい成果なのです。

それをわかって、尊敬の気持ちで彼に接すれば、彼もまた、あなたを大切にしてくれるでしょう。

12星座で「いちばん成功する」獅子座男子の将来を、いまから応援することで、豊かで幸せな将来を、あなたも経験できるかもしれません。

4

Love

獅子座男子の恋愛

獅子座男子が惹かれるタイプ

元気をくれる明るい女性が好き

獅子座男子自身はいつも明るくて、そばにいるだけでなんだか元気になれる。少し落ち込んだときも彼に会うと元気がもらえる。相談にも乗ってくれるし、いざというとき頼り甲斐もある。心から信頼できる彼は仲間や友人も多い。みんな彼のところに自然と集まってきます。

そんな彼は、やっぱり自分のように明るい女性が大好きです。

一緒にいて楽しい女性、笑顔のいい女性に惹かれます。

自分の思いつきや、これからしようとすることに、自分と同じようにワクワクしてほしいのです。

それなのに、テンションが落ちるようなことを言われたり、つまらなそうな態度をとられると、「一緒にいてもつまらない」と思って、心の距離が開いてしまいます。

たとえば、「こんどの休みにキャンプに行こう」という話になったとき、計画を立てる段階から、彼の楽しみは始まっています。

「どこに行こうか」

「何をしようか」

「準備しないといけないものは何だろう」

それこそ遠足に行く子どものように、キャンプに行く前から帰ってくるまで、いえ帰ってきてからも、楽しい出来事でワクワクしていたいのです。

準備は自分から率先してやる彼ですが、あなたが何も手伝わず、ただ文句だけを言ったり、協力する姿勢をまったく見せなかったりすると、急に怒り出して、キャンプに行くことを取りやめてしまうかもしれません。

彼はあなたと「一緒に楽しみたい」のです。その気持ちを汲《く》みとって、あなた自身も盛り上がっていきましょう。たとえ同じテンションで盛り上がれなくても、彼の話に興味を持って聞くようにしましょう。

「何が面白いの？」とか「勝手にしたら」というような言葉や態度は厳禁です。

いつもテンションが高い彼ですが、それだからこそ、ガクッと落ち込むことがあります。そんなときには、彼のそばにいてあげることです。

彼が自信を取り戻せるように、励ますことです。ふだんは口にしなくても、じつは「あなたのことをすごい」と思っていることを伝えてあげてください。それが彼の心の支えになります。

プライドが高く、王様気質の獅子座男子は、華のある女性を好みます。リーダーとして成功していく彼は、自分の将来像にふさわしい女性というのを意識しているので、好みのタイプもそれに比例して、理想が高くなっていきます。

もともと振るまいが目立つ彼は、自分のパートナーが注目されることにも満足感を得ます。一緒にいるだけで自分のステータスまで上がるような女性が、「自分の彼女なんだ」ということで優越感を味わいます。

王様のそばにいる女性は、ゆくゆくはお妃《きさき》になる可能性があります。ということは美しさだけでなく、賢さ、品格も備えていなければなりません。それでいて、お妃は決して、王様を差しおいて出しゃばったり、目立とうとすることはありません。

獅子座男子が求めているのは、まさに、そういう女性です。

たとえばお祝いのパーティや仕事関係の集まりで、彼が恥ずかしくないようなスーツを選んであげたり、そういう場所での最低限のマナーを身につけていたり、という女性はポイントが高くなります。

獅子座男子のハートを射止めるには、外見の美しさを磨くことに加えて、教養を身につけることが大事になります。

獅子座男子の告白

ドラマティックな演出でサプライズ攻撃

獅子座男子は、好きな女性に対して、とてもわかりやすい態度で、その気持ちを表現します。行動も積極的で、ドラマティックな演出が大好きです。

あれこれと想像しては「コレは好きかな？」とか「こうしたら喜ぶかな？」と考えて、彼女を振り向かせようとします。

「そんなことをして本当に、その女性が喜ぶのか」どうかはわかりませんが、少なくとも、好きな人のことをそれだけ考えているという思いに、嘘はありません。

好きな女性、愛する女性には、プレゼントやサプライズ攻撃を仕掛けます。

そのためにお金を使うことは、あまり気にしないようです。金銭面においてケチケチするのは、性分に合いません。

獅子座男子は、恋愛にかぎらず、面倒な関係やジメッとした複雑な関係になるのは、できれば避けたいと考えます。

「好きなものは好き！　だから告白する」

彼の本心は、いたってシンプルです。

告白は、彼にとっての一大イベントで、彼女には絶対に気づかれないように、その準備を進めます。けれども、彼の気持ちは、すっかり彼女にバレバレです。

でも、それでもいいのです。たとえ相手に自分の気持ちがすでに伝わっていたとしても、あえて告白します。

「好きです。つき合ってください」

ストレートな言葉で、彼は自分にケジメをつけるわけです。

獅子座男子のケンカの原因

彼とより深く結ばれる仲直りのコツ

獅子座男子は、よほどのことがないかぎり露骨に怒りを表すことはありません。内心ムッとすることがあっても、王者の余裕で、その場をやりすごそうとします。

けれども一つだけ、彼が絶対に許せないことがあります。

それは、プライドを傷つけられること。人前で恥をかいたりするのは、彼のプライドを傷つけます。

たとえば、街中やレストランなどの公共の場所で、一緒にいる彼女が愚痴をこぼしたり、文句を言ったりする。それが自分に向けられたものでなくても、彼には「恥ずかしいこと」になるのです。

「なぜ、こんな場所で、そんなにも大きな声を話さなきゃならないんだ」

と言ったところから、二人の口論は始まります。

「大きな声なんか出してない」

「思ったことを口にして、何が悪いの？」

あなたは、そんなふうに彼に対抗するのではないでしょうか。

もちろん、あなたの言う通りです。けれども、彼には、大きな声に聞こえ、公共の場で話すことではないと感じるのです。

ケンカをしたときに大切なのは、どちらが正しいかということではありません。相手の言い分を理解して、認めることです。それに同調できなくても構いません。

「こんなふうに感じる人もいるんだ」ということがわかるだけで充分です。

自分にとって、それがたいしたことでないなら、「こんどから気をつけるね」と言えば、彼も矛《ほこ》を納めることができます。

また、獅子座男子は、自分がしてしまった「ちょっとした失敗」も、恥だと感じるようです。彼がつまずいたり、道を間違えたりするのを「かわいい」と思って、つい笑ってしまうことがあるかもしれませんが、彼にはそれが耐えられません。屈辱的な気持ちになって、「なんてデリカシーのない女性なんだ」と思われます。

彼のちょっとしたミスには、気づかないふりをすることも、彼との関係をこじらせない知恵の一つです。それができないときには、親身になって、まっすぐな気持ちを伝えましょう。

獅子座男子は、好きな女性には、いつも自分を見ていてほしいと思っています。だから、つまずいたりしたときには、「だいじょうぶ？」「この段差、気づきにくいよね」というふうに言われると、たちまち嬉しくなってしまいます。

彼は怒るようなことがあっても、あなたが必要以上に攻撃したりしなければ、ケンカは長引きません。こちらが素直になれば、すぐに許してくれて、またいつもの信頼できる彼に戻ります。上手に彼に頼り、ときどき甘えさせてあげながら、仲よく楽しい時間をすごしていきましょう。

獅子座男子の愛し方

自ら主導権をにぎる、とことん肉食系

獅子（ライオン）は肉食です。そして獅子座男子の愛し方も、やっぱり肉食系です。

何事にもポジティブな彼は、恋愛にも積極的に行動します。

特定の彼女がいない場合には、どんな場所でも「狩り」の場となり、好みの女性に出会えば、自分の気持ちそのままに愛のメッセージを送ったり、デートに誘ったりします。

「まだ出会ったばかりだから」とか「彼女の気持ちがわからないから」などといって、躊躇《ちゅうちょ》することはありません。

獅子座男子は、愛する人にとことん愛を注ぎます。大胆すぎて相手のほうが困ってしまうくらい、ドラマティックな演出で、自分という人間をアピールします。

とことん肉食系の彼は、セックスも大好きです。いつでも相手の要望に応える覚悟と自信があります。短期集中タイプですが、最後までエネルギー全開で挑みます。どこに行ってもリーダーの彼は、二人だけのときでも主導権をにぎろうとします。それが愛する人を守ることになると思っているからですが、自分の弱いところを相手に知られないようにするために、彼女に対しても、強がって見せているということもあります。

本人は威張っているつもりはないのですが、時には父親のように、あるいは上司のように、「夜は早く家に帰れ」などと言ってしまいます。「そんな言われ方、されたくない」と思って、言い返したくなるかもしれませんが、それだけ彼にとって、あなたが大切な存在だということです。けれども、そんな大切な人だからこそ、つい自分の強さを誇示してしまう。それが獅子座男子の愛し方です。

獅子座男子の結婚

夢をかなえる人生を共に歩んでくれるパートナー

出会ったときから元気でパワフル。つき合っているときも愛情いっぱい。でも、そんな彼でも結婚となると、慎重になります。

「自分の人生を満足いくものにしたい」「よりよい未来にしたい」と考える獅子座男子は、将来の夢や目標をかなえることを自分の使命としています。

そんな自分と共に歩んでくれるパートナーを決めることは、一生に一度の大仕事であり、ビッグイベントです。

「この女性は、自分の夢を応援してくれるか」

「この女性であれば、ともに家庭を築けていけるか」

というのが彼のパートナー選びの基準になりますが、それもこれも、「自分の人生にプラスになってくれるような人と結婚したい」という思いがあるからです。

彼にとっての人生のプラスとは、「夢をかなえるために協力し合える」とか、「一緒にいて楽しい人生がすごせる」「二人が結婚することでお互いが幸せに暮らせる」というようなことです。

そのためには、仕事、収入、家族計画など、どんなことでも二人で話し合いながら一緒に生きていける、ということをお互いに覚悟できるかどうかが結婚を決めるカギになります。言い方をかえれば、その確信が持てなければ、どんなに恋愛の甘い時間をすごしていたとしても、なかなか結婚に踏み切らない、ということがあります。

その確信さえ持てれば、電撃結婚もあり得ます。結婚後は、将来をしっかりと考え、自分の夢の実現に向かって力強く生きていく彼を応援することで、豊かで幸せな結婚生活を続けていくことができるでしょう。

5

Compatibility

獅子座男子との相性

12星座の4つのグループ

火の星座、土の星座、風の星座、水の星座

12星座はそれぞれの持つ性質によって、4つの種類に分けられています。

（1）「火の星座」——牡羊座・獅子座・射手座
（2）「土の星座」——牡牛座・乙女座・山羊座
（3）「風の星座」——双子座・天秤座・水瓶座
（4）「水の星座」——蟹　座・蠍　座・魚　座

火の星座（牡羊座・獅子座・射手座）は、「火」のように熱い星たちです。特徴として情熱的であり、活動的で創造的なチャレンジをすることで元気になります。

土の星座（牡牛座・乙女座・山羊座）は、「土」のように手堅く、しっかりものです。感覚的な能力が発達し、現実的で慎重、忍耐力があります。

風の星座（双子座・天秤座・水瓶座）は、「風」のように軽やかで自由です。知識欲が旺盛で、社会的な物事を知的に理解する能力があります。

水の星座（蟹座・蠍座・魚座）は、「水」のようにしっとりしています。感情・情愛を基準に価値判断をします。自分だけでなく、相手の感情も重視します。

この4つの分類だけでも、獅子座との相性がわかります。

（1）「火の星座（牡羊座・獅子座・射手座）」と獅子座……とてもよい

同じ火の性質同士なので、親しい関係になりやすいです。

一緒にいても違和感なく、出会ったばかりでも、すぐに親しくなれますが、同じ火の星座でも「牡羊座・獅子座・射手座」はそれぞれ性質が違います。

どの星座も情熱的で熱いハートを持った星座です。それだけに人とぶつかり、時にはケンカしてしまうこともあります。似ているからこそ、相手の欠点も見えやすいということがあるのでしょう。

(2)「土の星座(牡牛座・乙女座・山羊座)」と獅子座……ちょっと微妙

土と火の関係は打ち消し合うので、ちょっと微妙な関係です。

土は火の熱で熱せられることを嫌い、火は土の勢いを止めてしまいます。つまり土は火のやる気や行動力を遮《さえぎ》り、また土も火があることで居心地が悪くなります。「牡牛座・乙女座・山羊座」と「牡羊座・獅子座・射手座」は互いを理解できず、それを相手にわかってもらえないことで、しだいにストレスを感じるようになるでしょう。

(3)「風の星座(双子座・天秤座・水瓶座)」と獅子座……よい

風と火の関係は、協力できる関係なので仲よしです。

風が吹くことで、火はより燃え上がることができます。火が勢いよく燃えることに風も喜びを感じます。お互いが強みを出し合うことで力を発揮できます。

「双子座・天秤座・水瓶座」と「牡羊座・獅子座・射手座」はお互いの長所を発揮して、よい関係を築いていけます。

(4)「水の星座(蟹座・蠍座・魚座)」と獅子座……ちょっと微妙

水と火の関係は、お互いを打ち消し合うので、ちょっと微妙な関係です。

水が火をいつも消してしまいます。つまり火のやる気を、水が失わせてしまうのです。水も火の熱で熱くなることがストレスになります。

「蟹座・蠍座・魚座」と「牡羊座・獅子座・射手座」は、一緒にいても違和感を感じ、それがしだいに不満を持つようになっていくでしょう。

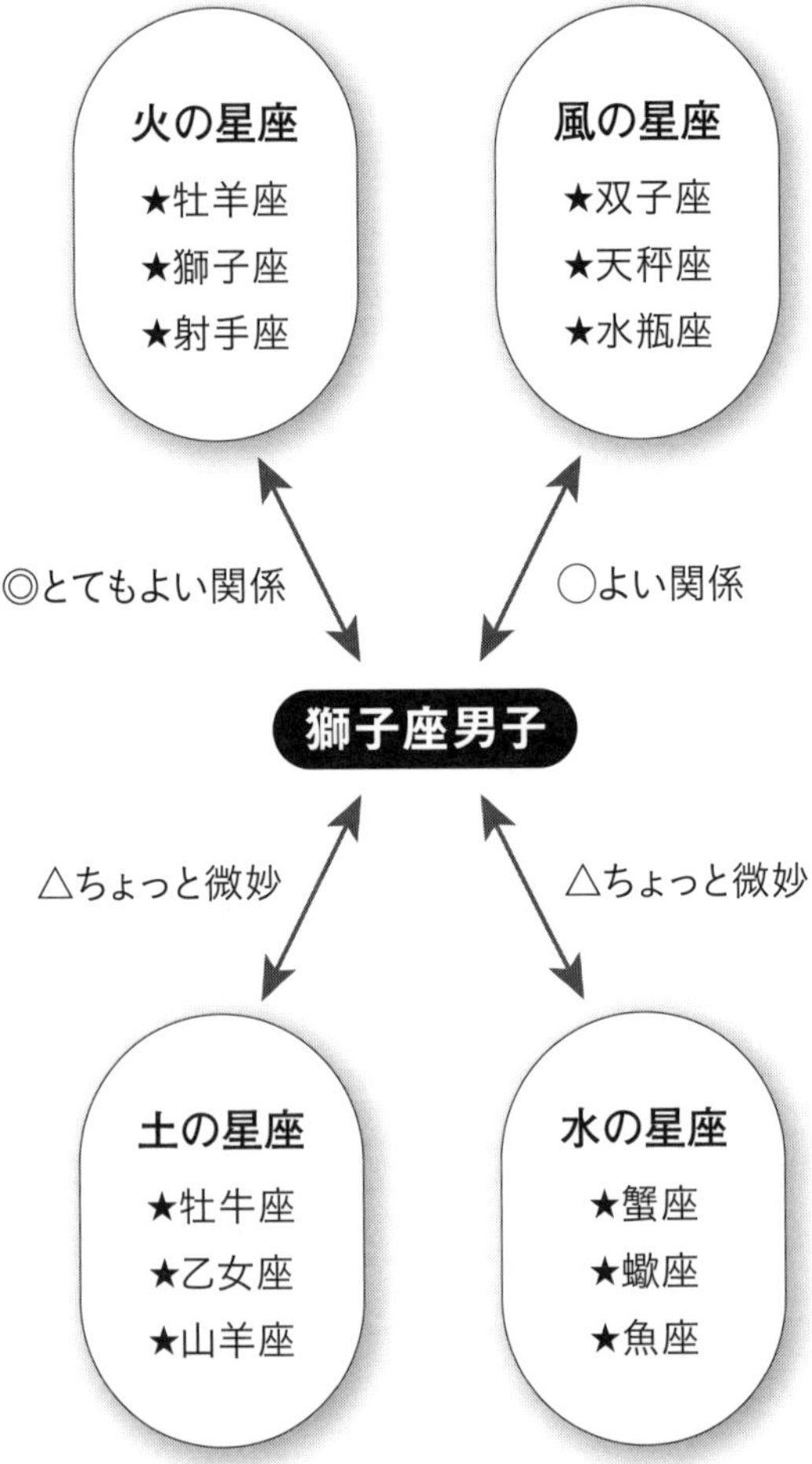

◉**獅子座男子**と4つのグループ

12星座の基本性格

あなたの太陽星座は何ですか？

獅子座とそれぞれの星座の相性を見る前に、まずは12星座の基本的な性格を見てみましょう。それぞれの星座について、象徴的な言葉を並べてみました。

【12星座の基本性格】
牡羊座：積極的で純粋。情熱的。闘争本能が強い。チャレンジ精神が旺盛。
牡牛座：欲望に正直。所有欲が強い。頑固。現実的で安全第一。変化を好まない。
双子座：好奇心が強い。多くの知識を吸収し、行動する。器用貧乏。二面性。
蟹　座：母性本能が強い。同情心や仲間意識が強い。感情の浮き沈みが激しい。
獅子座：親分肌で面倒見がよい。豊かな表現力。創造性がある。誇り高い。

乙女座：緻密な分析力。几帳面。清潔好き。批判精神が旺盛。働き者。
天秤座：社交的。人づき合いが上手。バランス感覚に優《すぐ》れている。
蠍　座：疑り深くて慎重。物事を深く考える。やるかやらないか極端。
射手座：自由奔放《ほんぽう》。単刀直入。興味は広く深く、探究心が旺盛。大雑把。無神経。
山羊座：不屈の忍耐力。指導力がある。地味な努力家。臆病。無駄がない。
水瓶座：自由で独創的。変わり者。博愛。中性的。ひらめき。発見するのが得意。
魚　座：自己犠牲的。豊かなインスピレーション。優しい。ムードに流されやすい。

性格には「いい性格」も「悪い性格」もなく、すべては表裏一体です。
それぞれの星座の「象徴的な言葉」から、あなたなりの理解で、読みとることが大切です。

12星座女子と獅子座男子の相性

組み合わせで、これからのつき合い方が変わる

牡羊座女子（火）と獅子座男子（火）――◎

牡羊座と獅子座は「火」と「火」という、同じ性質の組み合わせです。

この組み合わせは、情熱的かつ活動的、創造的チャレンジをするという行動がとても似ているのです。お互いが認め合って、よい関係がつくりやすいでしょう。高い目標でも達成できるのが、この二人です。

牡羊座女子は活発で行動力があります。考える前に行動していたり、そのときの勢いで何事も一生懸命に取り組みます。獅子座男子は想像力が豊かで、夢や目標に向かって力強く進んでいきます。

活発で勢いのある牡羊座女子のそばにいると、獅子座男子は自分も元気がもらえ、楽

しいことを共有できると感じます。また牡羊座女子も、頼もしい獅子座男子を尊敬しています。一緒にいると居心地のよい二人になれます。

お互いが「アクティブに行動したい」という価値観を持っているので、たとえばイベントで盛り上がったり、花火を一緒に見たりという野外でのデートを重ねるうちに、二人の気持ちは一層高まっていきます。

けれども、どちらもプライドが高い星座です。牡羊座女子は、周囲のことや細かい部分への配慮が足りないところがあります。獅子座男子はプライドが高いですが、周囲への気配りや信頼があるので、リーダーとして自然と周囲から認められます。

主導権をどちらが持つかということが、二人の関係のカギになってくるでしょう。

牡羊座女子は獅子座男子の意見を聞きながら、自分が出るところと、そうでないところを見極めていきましょう。持ち前の明るさで、獅子座男子が寂しいときは励まし、上手に応援していければ、非常によい組み合わせになります。

牡牛座女子（土）と獅子座男子（火）――△

牡牛座と獅子座は「土」と「火」という、まったく違う性質の組み合わせです。牡牛座女子は五感が鋭く、慎重でスローペースです。獅子座男子はプライドが高く、ストレートです。そして、どちらも譲らない部分を持っています。

牡牛座女子は温厚で人あたりもよいのですが、頑固さでは12星座でトップです。それに対して獅子座男子は、プライドが高いために自分から媚びたり相手の顔色をうかがうようなことはしません。

牡牛座女子のおっとりした雰囲気と、感性の豊かさやセンスのよさに、獅子座男子は好感を持ちます。牡牛座女子も、上昇志向があって、それに向かって努力する獅子座男子に魅力を感じます。けれども、この二人はなかなか歩み寄ることができません。

現実的な牡牛座には、獅子座男子が夢を追いかける姿が、ただ楽しんでいるだけのように見えてしまいます。獅子座からすれば、牡牛座と話をしても、自分の夢が否定されるようで面白くありません。

獅子座は面倒見がよく、牡牛座は人あたりもよいので、表面上はお互いにケンカをするようなことはありませんが、家族や身近な関係の人たちのこととなると、譲れない思いが出てしまいます。

獅子座男子は自分中心の生活を求め、牡牛座女子はマイペースで自分の心地よい状態を求めます。お互いがそれぞれのよいところを認め合い、尊重し合うことができれば、よい関係が続けられますが、自分の主張を押し通そうとすれば、ぶつかります。

相手を変えようとせずに、自分にない価値観を受け入れ、それぞれの夢がかなうように獅子座男子をサポートしていくと、よい関係が続けられます。

双子座女子（風）と獅子座男子（火）——◯

双子座と獅子座は「風」と「火」という協力し合える関係です。

双子座は獅子座のエネルギッシュな部分を上手に引き立たせ、獅子座は常に創造的なチャレンジをすることで、双子座に刺激を与えます。お互いがそれぞれのよい点を理解し合える関係なのです。

双子座女子は頭がよく回転も速いので、獅子座男子の喜ぶことや、元気の出る言葉を選んで、上手にコミュニケーションがとれます。

獅子座男子の天真爛漫で自分の夢を一生懸命に追いかける姿は、双子座女子には、とても魅力的に映ります。また獅子座男子も、心地よい言葉をかけてくれたり、情報や知識を提供してくれる双子座女子と一緒にいるのは楽しいと感じているでしょう。

二人で仕事をしたり、家庭をつくるときは、獅子座男子のリーダー気質を双子座女子が上手に操縦し、サポートするとうまくいくでしょう。双子座女子は、獅子座男子の自尊心を満たしながら、助けてあげることができます。獅子座男子も双子座女子の知性的な会話や対応を尊敬し、信頼します。

この星座の組み合わせの恋愛は、お互いが役割分担を理解できると、ほどよい感じで燃え上がり、つき合うことができます。

獅子座男子は、根がさびしがりやのため、誰かにそばにいてほしいと思っています。

それも安心していられるような彼女が欲しいのですが、双子座女子は、たとえ好きな人とでも一緒にいることを強《し》いられると窮屈に感じてしまいます。そうなると、双子座の関心は次へと移ってしまいます。ひょっとしたら、すでに他につき合う相手がいたりするかもしれません。

獅子座のプライドを傷つけないように上手にフェードアウトすることもできますが、獅子座男子の成功をそばで見ていたいという気持ちもあるでしょう。双子座女子と獅子座男子の温度差や価値観の違いはありますが、お互いがそこを理解して、共通の趣味やイベントなどで、盛り上がることはできるのです。

蟹座女子（水）と獅子座男子（火）――△

蟹座と獅子座は「水」と「火」という、まったく違う性質の組み合わせです。火は水によって消されてしまいます。水も火によって熱せられることに違和感を持ちます。

蟹座は母性のような愛情を持ち、獅子座は父性の頼もしさを持っています。

母性と父性とはまったく違う性質なのですが、大切な家族や友人を守りたいという強い気持ちは同じです。この強い気持ちには、それぞれ特徴があります。

蟹座は愛情を注ぎ、守りながら育てます。獅子座は自分が中心となり、正しいと思う道や高い目標に向かって率いていくことで守り、育てます。

それぞれの役割を理解し、協力し合えると、これほどパワフルで強固な関係はありません。太陽と月のように、まったく違う要素だけれど、お互いになくてはならないものを持っているのです。

この二人が結婚した場合は、よき父とよき母という理想的な家庭が築けます。仕事でチームを組むときなども、一つの意見に対して、まったく違う視点からの発想で判断することもできます。

けれども、真逆といってもいい性質の二人であることには変わりません。どちらも強いものを持っているため、一旦ぶつかってしまうとなかなかわかり合えないのです。

蟹座女子は自分の感情をそのままぶつけてしまいがちです。プライドの高い獅子座男子は感情をぶつけられると、短気を起こして怒ってしまいます。

お互いにさびしがりやなので、信頼関係ができると一緒に安心していられる相手となります。蟹座女子が感情のバランスを保ちながら、母のような愛情を持って獅子座男子に接することができれば、長くつき合っていけるでしょう。

獅子座女子（火）と獅子座男子（火）——◎

同じ星座同士の組み合わせは、多くを語らずともわかり合えます。なにか出来事があったときに、二人はほぼ同じように反応することができます。初対面でなんだか気が合うと感じたら同じ星座だった、というのは、この組み合わせの場合が多いはずです。

基本の性格が似ているので気も合い、行動するにしても、「一緒に」と意識しなくても、結果として同じことをしていたということもめずらしくないでしょう。二人が並んだときに「雰囲気が似てるね」といわれるのも、同じ星座だからなのです。

相手を尊重し合い、好みを共有できると、とても強固なつながりになります。なくてはならないパートナーになれるのです。運命の出会い、永遠の同志、というような、お互いが「かけがえのない存在」でいられるでしょう。

獅子座は明るく元気です。そして夢や目標を追いかけて努力するので、そばにいることでモチベーションを上げたり、お互いが協力することで、刺激し合いながら成長することができます。

またさびしがりのところも、自然と察することができます。気分が落ち込んだとき、守ってほしいというとき、そばにいてくれるのも同じ星座でわかり合えるからこそでしょう。

二人の出会いは、お互いの向上心がきっかけになることが多いでしょう。自分と似ている考えの異性がいるという発見で、近い関係になります。ただどちらも、似すぎているため、相手のよいところも悪いところも自分の鏡のように映しだされます。

よいところはともかく、悪いところ、自分が見たくないと思っている部分も同じ星座であるがゆえに目にすることになります。

たとえば、獅子座はプライドが高く、主導権をにぎりたがります。家族や身近な関係になったときに、お互いに引くことができません。結果、自己主張をしすぎて、ケンカになってしまいます。お互いが譲れるところと譲れないところのさじ加減が、長続きのポイントです。

乙女座女子（土）と獅子座男子（火）——△

乙女座と獅子座は「土」と「火」という、まったく違う性質の組み合わせです。

乙女座はとても細やかに人に気遣い、配慮することができます。獅子座は王様気質で目立ちたがりです。天真爛漫で豪快な性格のため、細かいことはあまり気にしません。そんな性格なので鈍感な部分もあります。そういうところを乙女座女子はうまくフォローしたり、気遣うことができるのです。

乙女座女子は自分にはない、元気でエネルギッシュな獅子座男子のことを、とても素敵に思います。獅子座男子も、よく気がついて清潔感のある乙女座女子に魅力を感じます。

一緒に仕事をしても、チームや組織をぐいぐい引っ張っていく獅子座男子のそばで、秘書的な役割をしたり、裏方の仕事を細部まで気を配ってくれる乙女座女子、という素晴らしい組み合わせになります。前に出たい獅子座男子を、陰で支えてあげられるのが、乙女座女子なのです。

つき合いが長くなればなるほど、彼はあなたに甘えて、横柄《おうへい》な態度をとってしまったり、あれこれと指図してきます。獅子座男子は夢を追いかけていたいので、細かいことが気になる乙女座女子にイライラしてしまったりします。すると、乙女座女子はしだいに自分の意見が言えなくなり、ストレスを感じてしまうことが多くなります。

獅子座男子の大胆なところと乙女座の繊細な部分がかみ合わず、あまり長続きすることはないかもしれません。もし続けようとするなら、乙女座が気がついたことを、まわりくどくなくストレートに伝えること、そのタイミングを見極めることが大切です。

天秤座女子（風）と獅子座男子（火）――○

天秤座と獅子座は「風」と「火」という、お互いが協力し合える関係です。

天秤座女子は華やかで社交的です。おしゃれな雰囲気を身にまとっています。実際、服や持ち物など、きれいでおしゃれなものが多いでしょう。

華やかな雰囲気を好む獅子座男子は、そんな天秤座女子のことを、まぶしく見ています。天秤座女子も、獅子座男子の頼もしさと向上心に魅力を感じます。二人が一緒にいると、獅子座男子の存在感と天秤座の魅力で、自然と目立つ二人になるでしょう。

獅子座男子は、好きな女性にはいろいろなプレゼントを贈ります。豪華なレストランでご馳走してくれたり、ブランドの高価なプレゼントもサプライズで贈ったりします。天秤座女子は美しいものが大好きなので、獅子座男子からの贈り物で愛情の大きさを感じて嬉しくなります。そして、その自分からの贈り物を喜んでくれる天秤座女子のことを可愛く思って、ますます大切にするのが獅子座男子です。

けれども、獅子座男子はときどき偉そうな態度をとります。モテる天秤座女子のことが心配ということもありますが、彼女のことは大切だけど自分がもっと大切にされたいと思ったり、もっと自分をかまってほしいという気持ちも強くなります。

天秤座女子はしだいに、獅子座男子の威張ったり、偉そうにしたりする態度にうんざりするようになります。それでもケンカは避けようとするのが天秤座女子のバランスのよさです。ケンカはしないけれど、少しずつ獅子座男子と距離をとったり、ひょっとしたら、新しく別な人とつき合いはじめてしまうかもしれません。

浮気となったら怒りでいっぱいになる獅子座ですが、もともと肉食系でもあります。また新しい女性を求め、狩りに出かけていくので心配することはないでしょう。

蠍座女子（水）と獅子座男子（火）――△

蠍座と獅子座は「水」と「火」という、まったく違う性質の組み合わせです。

蠍座は洞察力が強く、静かで深い愛を持っています。獅子座は何事にもストレートで夢や目標に向かって行動します。蠍座女子はいろいろなことを表に出さない星座ですが、獅子座男子はそれとは反対に、やりたいと思ったことを口にしたり、実際に行動に移したりします。

また蠍座女子は一人でいる時間も大切にしたいと考えていますが、獅子座男子はそれと同時に、にぎやかで華やかな場所も好きです。これだけでもお互いがまったく違う要素と価値観を持った二人だということがわかります。

そのために、二人の距離が縮まることはありません。けれども、蠍座女子の洞察力と、すべてを受けとめてくれる静かな優しさに気づいたとき、獅子座男子は好意を持ちます。

いつも元気でリーダーとして活躍している彼が、寂しさや弱い部分をふと見せたとき、ふだんの彼とのギャップを感じて、蠍座女子は愛情を注ぎたくなります。蠍座女子は水の星座で深い愛を持っているので、獅子座男子を深い愛で見守ることができます。でも所詮は行動パターンも価値観も違う二人です。獅子座男子は夢を追いかけて、次の狩りに出かけていくでしょう。

二人の関係は深まる確率は少ないですが、獅子座男子を大きな心で見守り、自由に活動させてあげられる蠍座女子となら、意外にうまくいくかもしれません。

肉食系の獅子座男子が浮気したら、蠍座女子は、絶対に許すことはできないでしょう。愛した人だからこそ、裏切りが許せないのです。彼に反省させたい気持ちから、意地悪をしてしまうこともあるかもしれません。時にそれがエスカレートして、自分でもコントロールできないということもあるでしょう。

そうなると獅子座男子も自分のことを棚に上げて激怒してしまい、大胆な行動になり、収拾がつかない状態になる可能性もあります。お互いのよいところを認め合い、複雑な関係にしてしまわないようにつき合うことがカギとなってきます。


射手座女子（火）と獅子座男子（火）――◎

射手座と獅子座は「火」と「火」という、同じ性質の組み合わせです。

射手座は活発で探究心があります。その探究心は精神的な成長であったり、単に自分の興味であったりしますが、自由であることがいちばん大切といってもいいほどです。

そんな射手座女子のことを、獅子座男子は尊敬し、彼女といると楽しい経験や知識が得られるととても居心地よく感じます。射手座女子も、目標や夢に向かって頑張っている獅子座男子のことを尊敬し、応援したくなります。

二人で一緒に冒険や探検、いままで知らなかったなどを体験し、楽しめる関係なのです。仕事でも恋人同士でもお互いの行動力と向上心を刺激し合い目標を達成できる組み合わせです。

ただし、獅子座男子は寂しいときには誰かにそばにいてほしいと思いますが、射手座女子は、一つのところに留まっていることが苦手です。

また射手座女子は自分の好奇心や興味のあることに夢中になりたいと思っているときに、獅子座男子の趣味や仕事を強要されたり指示されることを嫌います。

しだいに射手座女子は、窮屈さを感じるようになり逃げ出したくなります。獅子座男子も射手座女子の行動に「落ち着きがない」「何を考えているかわからない」と感じはじめ、小さなことでぶつかるようになります。

お互いが協力し合えると、とてもよい関係の二人ですが、長続きさせるためには、ほどよい距離感を保っていくことが必要です。

山羊座女子（土）と獅子座男子（火）——△

山羊座と獅子座は「土」と「火」という、まったく違う性質の組み合わせです。

山羊座は現実的で忍耐力のある星座です。この星座は目標を決めたら、コツコツと着実に積み上げていくことが得意です。獅子座男子も、高い目標に向かって努力できますので、そんな山羊座女子の力になってあげたいと思います。一生懸命に目標に向かっている山羊座女子の夢や生き方を理解してくれます。

山羊座女子は、自分とは違うタイプだけれど、目標や夢に向かって努力できる獅子座男子のことを尊敬し、頼もしく思います。獅子座男子も、頑張っている山羊座女子のことを同士のように感じ、魅力的に思います。

ですが獅子座男子は豪快で天真爛漫。そして何より自分を信じています。獅子座男子の言動が派手に聞こえて理解できません。獅子座男子もまた慎重な山羊座女子のことが臆病に思えて、わからなくなります。

獅子座と山羊座はペースや価値基準がもともと違うため、しだいにすれ違っていくでしょう。お互いが夢を追いかけているので、向かう方向が違ってくると溝も大きくなっていきます。

お互いが自分にない部分を尊重し、引き出し合えると、高い目標も達成できるよい同士になれます。夢をかなえられる仲間となれるのです。

山羊座女子は好きである限り、忍耐強いので、獅子座男子のプライドの高さや言動にも、ある程度は許容できますが、限界を越えると一気に爆発してしまいます。ときどきは自分の気持ちを正直に、獅子座男子に伝えましょう。

水瓶座女子（風）と獅子座男子（火）──○

水瓶座と獅子座は「風」と「火」という、協力し合える関係です。

水瓶座はとても自由で、博愛的な星座です。権力や地位などによって人を差別することはなく、公平な心を持っています。

もともと協力し合える関係ですが、獅子座は権力志向があり、社会的地位や目立つポジションを求めるため、そのような立場や地位の人を優先したり、重視したりします。

視点と感覚が違う二人ですが、水瓶座女子は、自分の夢に一生懸命な獅子座男子を尊敬します。自分を信じて行動する彼を応援したくなるのです。獅子座男子も、自由でどこかマイペースな水瓶座女子に興味を示します。自分のことを応援してくれるし、束縛しないので居心地がよいのです。けれども、意識の向け方が違う二人は、結局は、すれ違いも多くなっていくでしょう。

水瓶座女子は個性的で、ひらめきがあり、ファッションや考え方も一歩先をいく女性のイメージです。恋愛に関しても、獅子座は好きな人と一緒にいたいのに対して、水瓶座女子は、自分からアプローチをしたり、恋愛にのめりこむということはありません。

獅子座男子は、自分の好きなようにさせてくれる水瓶座女子のことを、しだいに「自分のことをかまってくれない」と思うようになるかもしれません。

水瓶座女子にしても、彼のことを知れば知るほど、自分とは合わないことを痛感するかもしれません。自立している水瓶座からすれば、獅子座男子は、とても偉そうで、自分のことばかり考えていると感じてしまうでしょう。

でも、水瓶座は獅子座から、向上心や、好きな人たちを守るための責任感やリーダーシップを学ぶことができます。自分にはない価値観を認めることで、人としての幅が広がり、成長していくことができます。

魚座女子（水）と獅子座男子（火）――△

魚座と獅子座は「水」と「火」という、まったく違う性質の組み合わせです。

魚座は優しくて、「情」という価値基準を優先にしています。魚座の優しさは広い心で、多くの人に愛を注いでいきます。それは慈悲深く、時に自己犠牲的な愛です。獅子座も優しいですが、リーダーという責任感のもと、自分の仲間や家族を見守るという強さのなかにある優しさです。

獅子座男子は自分の夢や意志をしっかり持っているので、いつも輝いて見えます。

そんな彼を優しい魚座女子は献身的に支えたくなります。自分のことよりも彼のことを優先したり、困っていることはないかと健気《けなげ》に尽くしてくれるのです。

そんな魚座女子のことを、獅子座は守りたくなります。「自分が強くなって彼女を守るんだ！」という気持ちが大きくなるのです。

ですが結局のところ、獅子座男子の圧力に、魚座女子が逆らえない、という状況になっていきがちです。獅子座男子は自分に自信があるので、そんなつもりがなくても、おとなしい魚座女子を振りまわしてしまうのです。

魚座女子も、強く頼もしい獅子座男子のそばにいると、最初は守られているようで安心できるのですが、しだいに獅子座男子が傲慢に思えて、ついていけなくなります。獅子座男子のよき味方になり、寂しいときも察してそばにいてくれる魚座女子の愛情に、獅子座男子は癒されて、つい甘えてしまうのです。その結果、イヤなことをはっきり言えない魚座女子が我慢して、ストレスをためこんでしまいます。

獅子座男子は鈍感なところもありますので、イヤなことはイヤだと、はっきりと言えるように魚座女子が成長していくことが必要です。

6

Relationship

獅子座男子とのつき合い方

獅子座男子が家族の場合

父親、兄弟、息子が獅子座の人

父親が獅子座の人

獅子座男子を父に持ったあなたは、父親は偉そうだったという印象が強いのではないでしょうか。

獅子座の父親は、いつも自分中心でいたいのです。自分が家長となり、家族を守るという強い責任感があるために、それが支配的な態度となって表れます。

たとえば、何か欲しいものがあるときは父親の承諾がいるとか。あるいは、家事は一切手伝わないとか、亭主関白を絵に描いたような人だった、という印象があるかもしれません。

動物のライオンも、狩りや子育てはメスのライオンがして、オスはほぼ何もしないという生態です。

だからといって永遠に何もしないかというと、そうではありません。他の動物や敵が来たときには、自分の群れを守るために戦います。

いざというときに、群れのなかで最初に動くのがオスライオンなのです。

獅子座の父親はふだん家では、本当に何もしなかったかもしれません。でも、いざというときはとても頼もしい姿を見せていたのではないでしょうか。

じつは、何もしていないわけではなくて、家族を守るためにもちろん仕事もしますし、父親なりに家族のためにと思うことをしているはずです。

まだあなたが父親の頼もしい姿を見ていないとすれば、幸せで平和な毎日がすごせているからかもしれません。それはそれで素晴らしいことなので、そんな時間をすごさせてくれている父親に感謝しましょう。

いずれにしても、獅子座男子の父親にとって、家族以上に大切なものは他にはありません。家族は命をかけて守るのが、お父さんの絶対のルールです。

あなたのことも、自分の誇りと命をかけて大切に思っています。

いつもは、好き勝手に決めつけて上から目線でモノを言う姿しか見えないかもしれませんが、家族を守るということは最優先に考えています。

サプライズの企画を立てたり、にぎやかな場所に連れ出したり、プレゼントをあげたりと、ちょっと派手めな感じで、素直に「ありがとう」というあなたの気持ちを伝えてみてください。いつもは偉そうな父親も、一緒に盛り上がったり楽しんだりと心から喜んでくれるでしょう。

そんな父親には、日頃から、どれだけ父親として素晴らしいかということを伝えることが大切です。少し大げさなくらいが丁度よいでしょう。

どこか関心ないようにしていても、家族のことを一番に考え、大切にする父親は、あなたが喜んでくれること、安心して暮らせることが幸せであり、嬉しいことなのです。

兄弟が獅子座の人

獅子座男子の兄を持つあなたは、小さい頃から元気で明るい兄から、あれやこれやと命令されたり、遊びや手伝いにひっぱりまわされたりしたのではないでしょうか。またおやつや楽しそうなオモチャや遊び道具は、いつも自分優先。でも、他の人にいじめられたりしたら、真っ先に駆けつけて、かばってくれたり、いじめないようにやっつけてくれたりする頼もしいお兄さんだったでしょう。

面倒見のいいところも、威張るところも、ずっと変わらないのが獅子座男子たるところです。

では、獅子座男子の弟についてはどうでしょうか。いつもかまってほしくて、なにかと自己主張が強い弟を、ついつい甘やかして、家族中が彼に振りまわされていた、ということはありませんか。

獅子座男子は「かまってちゃん」タイプが多いので、時にうっとうしく感じてしまうことがありますが、それでも、なぜか憎めない可愛さがあります。

獅子座男子の兄弟は、社会や家族のなかにいても自分が中心でいることを求めます。

自分を見てほしい、関心を持ってほしいと思っているので、忘れられたり、ないがしろにされたりしたくはありません。

家族のことはとても大切に思っているので、余計にほめてもらったり、存在感を見せたくなります。

いつも自分の気持ちに正直に行動しています。

家族の前では好きなことしかしていないように見せていても、社会では自分なりに一生懸命なのです。

身近すぎてほめたりする機会はあまりないかもしれませんが、頑張っている兄弟には、意識して、ほめてあげましょう。

その辺は単純な獅子座男子です。家族からの照れるくらいの愛のこもった優しい言葉は、獅子座男子にはいちばん嬉しいのです。

息子が獅子座の人

獅子座男子の息子は、とてもクリエイティブ。元気もあり、友達も積極的につくり、仲よく遊ぶこともできるのですが、自分中心でわがままを言うことが、親としては心配になります。

友人は少なくないほうでも、自分がこうと思ったら、年齢や性別に関係なく威張りちらしたり、すぐ怒ってケンカになったりします。

獅子座は、たとえ幼い頃でもプライドが高く積極的なので、周囲が圧倒されてしまうことも多いでしょう。

創造力が豊かで、いろいろな遊びを考えたり、つくったりします。

でもいつも何をするときも自分が大切にされなければ気がすみません。

また理不尽なことで怒られたり、失敗してしまうことを極端に嫌います。そのため、人前で怒られて恥ずかしいと感じたときは、自分が悪いと思っていても、手がつけられないほど頑固になったり、逆ギレしたりするかもしれません。

これは大人になってからも変わりません。ですが、小さい頃から社会での決まりごとは教えなければなりません。怒るときや注意するときは彼のプライドを傷つけない言葉を選びながら筋を通して教育することを考えましょう。

獅子座は、夢に向かって力強く生きていくパワーを持っています。夢を実現できるように応援し、たっぷりと愛を注いで育てていきましょう。注がれた声援や愛を、きちんと将来の夢につなげることができるのも、獅子座の男の子の才能の一つです。

獅子座男子が友人（同僚）の場合

イヤなことがあっても引きずらないパワー

落ちこんだときに彼がそばにいると元気をもらえるような気になったり、やる気が出ないとき、彼と話すとなんとなく前向きになれる。そんな彼は、きっと獅子座ではないでしょうか？

明るく元気な彼は、いつもまわりを盛り上げる「お祭り男」のように思われているけれど、一緒に仕事をしたり行動を共にすると、誠実で頼りになる男だということは、みんなが知っています。

「失敗なんか気にしない」というように、ふだんは天真爛漫な風を装っていますが、じつは、恥ずかしいことや失敗を極端に嫌がります。彼が失敗しても、そこを指摘して笑ったり、陰で悪口を言ったり、イラついた態度をとってはいけません。そんなことをして彼の敵と見なされてしまったら大変です。

彼は、味方につけるととても心強い存在です。いざというときには、必ず力になってくれます。

「彼は、ちょっと自己中心的」と思うことはあるでしょう。

友達同士でいるのに、自分がリーダーのように振る舞います。そう生まれついているといってしまえばそれまでですが、そんな態度を、人によっては「威張っている」と感じるかもしれません。

けれども、彼にしてみれば、そんなつもりはまったくありません。

人間ですから、自信が持てるときもあれば、持てないときもあります。獅子座だって、例外ではありません。

けれども、本人は自信がないと思っていることでも、まわりから見たら、自信があるように見えてしまうところが、獅子座生まれのつらいところです。

それだけのパワーが、彼にはあるということです。

彼は暗い雰囲気や面倒なことは苦手です。イヤなことがあっても、ぐちぐち言うより、パーッと遊んで、発散したいと思っています。

そんなときには、とことんつき合ってあげましょう。自分が弱いときほど、そばにいてくれる人の存在に感謝することはありません。

ふだんは強がっている彼だからこそ、あなたの優しさが、きっと伝わるはずです。

獅子座男子は、自分の意思や夢を大切にする分、大事な人の夢も大切にします。いったん信頼関係ができれば、彼はそれを裏切りません。あなたの親友になって、お互いに成長し合っていくことができるでしょう。

獅子座男子が目上(上司、先輩)の場合

リーダーとして尊敬できる存在

獅子座男子の上司は、慣れるまでは、少し怖いと思われるかもしれません。親しみやすい雰囲気があっても、どこか特別な感じが伝わって、部下に「くだけすぎてはいけない」と思わせる風格があります。

いまどきは本気で怒ってくれない上司が少なくなったといわれますが、獅子座の上司は、叱るときにはちゃんと叱ります。自分がしてきた仕事に自信があるので、その経験を部下にもちゃんと伝えたいと思うからです。

部下にしてみれば、言われることはまったくその通りで、言い訳のしようもないと思ってしまうほどです。

それに、

「指示通りに進めたらよい結果になった」

「チームがまとまって行動できた」

ということが多いので、彼を尊敬している部下は少なくないはずです。それこそが、獅子座の生まれ持った「リーダーとしての才能」です。

役職やポジションがどうであろうと、人生の先輩として信頼できる。それを意識していなくても、敬意を払いたくなる人です。

とはいうものの、

「自慢?」

とツッコミを入れたくなるほど、自分の話が大好きです。

最初は感動して聞けた話も、耳にタコができるほど聞かされれば、思わず「はいはい」と流してしまいたくなります。けれども一応は、ちゃんと聞いてあげましょう。その都度、「すごいですね」「さすがですね」の賞賛を忘れてはいけません。

それだけで、彼はあなたを部下として、かわいがってくれます。会社員であるなら、それはとても重要なことです。ただし、上辺のお世辞《せじ》では、逆に嫌われてしまいます。仕事ができる上司からは、学べることがたくさんあります。何度も聞いた自慢話のなかにも、その種が詰まっているはずです。

仕事から離れると、食事や飲みに連れていってくれる。自分だけでは参加できないような会合にも誘ってくれる。獅子座の先輩や上司は、仕事を教えてくれるだけでなく、社会勉強をさせてくれる人でもあります。

自信のある人のそばにいると、いつのまにか、自分も自信が持てるようになります。そんな人から、ほめられたりすれば、なおさらでしょう。

なにか失敗したときには、裏でこそこそしたり、誰かのせいにするような言い訳はしないようにしましょう。ミスはミスとして、そのときは怒ることがあっても、根に持つタイプではありません。安心して、彼の懐に飛びこんでみましょう。

獅子座男子が年下（部下、後輩）の場合

みんなの前で、ほめて伸ばす

いつも天真爛漫で、ここぞというときには、ちゃんと頑張る。それが獅子座生まれの後輩や部下の印象ではないでしょうか。

自分の将来の目標をしっかりと持って、それに向かって努力もしている。それほどの年齢差がない場合には、年下に思えないほどの安心感があります。

同じチームの仲間のなかでもいつの間にか先頭にいたり、まとめ役になっていたり、リーダー的な存在感。そんな自分をいつも「ほめて」と思っています。

「いちばん頑張っている自分を認めてほしい」

そのアピールが、とてもわかりやすいのが獅子座生まれの後輩（部下）です。

ときどき偉そうな態度になったり、一方的に攻撃されるとキレて、ケンカを始めた

り、ちょっと血の気の多いところもあります。

仕事は、基本的には一生懸命に取り組みますが、ルーティンワークなどの地道な作業は、どちらかといえば苦手です。

なぜ苦手かといえば、そうした仕事ではほめてもらえる機会があまりないから。だから、それを大げさなくらいにほめたり、感謝したりすれば、俄然やる気が湧いてきます。

ほめるなら、彼が一人のときより、みんなと一緒のときを選びましょう。そこにいる人たちにも、彼がいかに優秀かを伝えることで、他の人たちも彼に対する感謝を口にしたりするでしょう。

実際、彼の頑張りは、評価に値するだけのものがあるはずです。

「○○ができるのは、あなたしかいない」

そんなふうに彼をほめることで、彼は自分の力を大いに発揮してくれるでしょう。

獅子座男子が恋人未満の場合

近寄りがたい彼に、もう一歩近づく

彼はいつも誰かと一緒です。

たとえば友人だったり、仕事仲間だったり、彼が一人でポツンとしているところなど見たことがない。どこにいても目立つ存在で、女性からもモテる。そんな彼を遠くに見ながら、あなたは、「私のことなんて相手にしてくれないかもしれない」と感じているかもしれません。

実際、獅子座男子は優秀で、人気者といわれるような人が多いでしょう。

カリスマ性があるので、近寄りがたい雰囲気も醸《かも》し出しています。

でも、彼は親切な人です。だからこそ、たくさんの人に好かれるわけです。

才能があったり、仕事で結果を出していたり、あるいは、ゆるがない目標を持っていたりする。そういう人は輝いています。

そんな彼に少しでも近づきたい、仲よくなりたいと思うのなら、あなたも輝く人になることです。

輝く人になるには、自分を磨いていくことです。ダイヤモンドだって輝くまでには、いくつもの工程を経なければなりません。

まずは自分に自信を持つことです。夢や目標を掲げてみましょう。

そして、それに向かって、努力するのです。

じつは、あなたが好きな獅子座男子も、これと同じことをしています。

持って生まれた才能というのは、誰にでもあるものです。けれども、才能は、自分で磨いていかなければ、才能として活かしていくことはできません。

あなたにも、磨く価値のある才能があります。

「それが何かがわからない」という人は少なくないでしょう。けれども、それを見つけていくのもあなた自身です。

教養を身につけ、知識や情報を増やしていきましょう。興味のあるものには、積極的に挑戦して、趣味や得意なことを一つでも持てるようにすることです。

彼は、暗い女性や面倒な女性は苦手です。

明るくて活発な女性と一緒にいたいと思っています。

元気をくれそうな女性、美しい女性に惹かれます。

高嶺《たかね》の花にも近づきたいと思っています。

仕事でも趣味でもボランティアでも、自分が一生懸命になれることを見つけてください。そして、それを楽しむことです。

いままでは近寄りがたいと思っていた彼に、一歩、近づいてみましょう。

彼の話を聞けば、自分との共通点も見つかるでしょう。そのことを自分から話してみることです。

いつもは元気な彼ですが、ときどき寂しくなったり、気弱になったりすることがあります。

そんなときこそ、そばにいて、彼を応援している思いを、それとなく伝えてみましょう。信頼できる女性が近くにいることで、彼は安心できるのです。

傷つくことを極端に恐れる彼は、あなたが絶対的な自分の味方で、告白してもフラれないという確信がないと、次の行動に出ることができません。

だから、彼が告白しやすいように振る舞うことです。

彼を支え、世話をやきましょう。

ただし、あまり度が過ぎれば、彼は図に乗って、あなたを子分のように扱うかもしれません。

あくまでも対等な関係で、彼が一目置く存在になることです。そうなれば、彼の心はすでに、あなたのものです。

獅子座男子が苦手(嫌い)な場合

無理に好きになる必要はない、でも理解してみる

あなたは獅子座男子のどこが苦手ですか?

偉そうな態度をとるところですか?

目立っているところですか?

短気なところですか?

その全部?

そう、獅子座男子は、偉そうで、短気で目立ちます。

そのうえ、自分ほど優秀な人間はいないと思っている節《ふし》もあります。

さらには、自分のそういう性分を隠さず表に出してしまうので、「あの人、なんか嫌い」と思われても、しかたないかもしれません。

ここで一つだけ、彼の弁護をするなら、「損な性分を隠せない」というのは、それだけ正直であるという証であって、決して悪い人間ではありません。

獅子座男子の守護星は太陽です。前でもお話しした通り、これほどエネルギーの強い星は他にはありません。そのエネルギーが有り余って、彼のイヤな部分を引き立ててしまうこともあります。

昭和の時代の父親は、家ではいちばん偉く、実際、偉そうにしていました。家族を養うのははお父さんの役目であり、その役目を、たいていは果たしていたからです。いまは働くお母さんが当たり前になって、父親の威厳は衰退する一方です。

獅子座男子は父性の象徴ですが、家族を守りたいという父親の思いを、彼は自分の使命として受けとっているのです。

彼に与えられたエネルギーは、彼自身のためでなく、自分以外の大切な誰かのために使われます。

「あなたを守りたい」「明るい未来を照らしたい」という気持ちと責任感から、それが時に、偉そうな態度になったり、夢を本気でかなえようとするあまり、自己主張が強くなったりするわけです。

誰にでも好き嫌いはあります。みんなから好かれるというのは無理な話です。だから、彼のことを、あなたも無理に好きになろうとする必要はありません。

けれども、星の情報として「獅子座男子」の性分を知ることで、理解できることもあるでしょう。それこそがこの本の目的でもあります。

「食わず嫌い」というのは誰にもありますが、「知らないから好きになれない」ということもあります。食べ物なら、他の食べ物で代用できますが、人間同士で、なおかつ、顔を合わさないわけにはいかないという場合には、その人のことを知ることが、まずは大切ではないでしょうか。

7

Maintenance

獅子座男子の強みと弱点

獅子座男子の強み

命をかけて戦うスーパーヒーロー

獅子座男子は、12星座のなかでも存在感と貫禄はトップクラスです。向上心と思いやりの心を持ち、夢をかなえるためにはとことん努力します。その頑張りは、地位や名声を手に入れることだったり、大切な家族や仕事を守るためだったり、とにかく強く優しく、そして夢をかなえるために行動できるのです。

ライオン（獅子）は外敵から群れを守るために命をかけますが、獅子座男子もまた、たとえ自分の命をかけても、まわりの仲間のために前に突き進んでいきます。

ふだんの彼は、「そんなふうには見えない」と思われるかもしれません。実際、誰にでもできてしまえるような仕事には、やる気を出せないのが獅子座男子です。けれども彼は、ここぞという肝心なときには必ず駆けつけてくれる「スーパーヒーロー」です。

スーパーヒーローは最後に登場すると相場が決まっています。最初から戦ったり、小さなことで騒いだりしません。

まずは子分たちが敵と戦って、それでも敵《かな》わない相手のときに、颯爽《さっそう》と現れて、あっという間に敵を倒してくれるわけです。

敵を倒すには、腕力や知恵も必要ですが、それだけではスーパーヒーローにはなれません。強いだけでなく、優しさもあるからこそヒーローになれるのです。

獅子座男子には、大切な人たちを思いやる心があります。

自分の近くにいる人のことはもちろん、少し遠くにいる人にも気を配り、みんながよくなる道を模索します。

獅子座の守護星である太陽のように、愛するあなたを照らし、あなたの夢や生き方そのものもすべてを含めて、応援して守ってくれるでしょう。

獅子座男子の弱点

プライドの高さからのストレスに注意

獅子座男子は、正直で嘘がつけません。

気に入らないことがあると、すぐに怒ってしまいます。

日頃は心が広いので、激怒したりすることはありません。

けれども少しずつ怒りがたまって、それがある日突然、限界に達して、ものすごく大きいカミナリが落ちることになります。

ふだんはのんびりしているライオン（獅子）が、戦いのときエネルギーを爆発させるように、大きな怒りや興奮を見せます。そのため、血流が激しくなります。怒ると血圧も上昇します。

また、にぎやかなことが好きなので、お酒を飲んだり、イベントなどで盛り上がったりします。自然と食事も偏《かたよ》りがちになります。

もともと獅子座は、体調が悪くなると心臓や血液に支障が出やすくなります。カーッとなって血圧が上昇したり、ひどいときには心筋梗塞を起こすこともあります。

獅子座は、そのプライドの高さからストレスをためやすいのです。

「○○しなければならない」という目標を立てたり、無理な締切を自分に課して、自分で自分の首を締めているようなところがあります。そうして、ストレスがたまると、暴飲暴食、タバコなどでバランスをとろうとします。

自分の使命を果たしながら、心臓に負担をかけすぎないように気をつけることが大切です。

8

Option

獅子座男子と幸せになる秘訣

獅子座男子を愛するあなたへ

彼しかあり得ない世界

彼にとっていちばん嬉しいことは、他の誰でもない、愛するあなたからの讃辞を受けることです。

「あなたはやっぱりすごい」

「あなたが一番」

——自分には彼しかあり得ないという気持ちを、わかりやすく、彼の心に響くように伝えてください。

そうしたあなたの意思表示に、獅子座男子は、人前だったり、機嫌が悪いときには嬉しそうな表情を見せないかもしれませんが、内心は喜んでいます。

そして、あなたからの愛を感じれば感じるほど、彼のほうでも、あなたへの愛が深まっていきます。

愛のパワーが充電された獅子座男子は、社会でも、よりエネルギッシュに高みに向かって活動します。彼の強いエネルギーは一人だけのもの、一部分のものだけに働くのではありません。それを原動力に、活躍の場は広がり、まわりの人たちにも影響を及ぼすことになるでしょう。

獅子座の存在は、その場にあたたかさと夢をもたらします。

愛し愛されることで、明るい未来をつくり出していくことになります。

獅子座男子と一緒に幸せになる

夢をかなえようと努力する愛すべき存在

獅子座は父性の強い星座ですが、わがままも言います。自分を見てほしいという言動は子どものようでもあります。人の面倒を見たり、世話をやいたりするリーダーの姿を持つけれど、その内にあるのは無邪気な子どもの心なのです。

想像したり、何かをつくりだしたり。感動したがりで、ちょっと大げさ。にぎやかで楽しいところが好き。そんな彼の無邪気さは、心がきれいな証拠です。正直で嘘がつけない。裏がないのです。

社会に出たり、家庭を持ったりするようになると、この無邪気さに、仲間を守る強さと知恵が加わります。そして誰かに認めてもらうことで、自分自身に対して自信と向上心を維持することができるのです。

獅子座はもともと自分を信じる力があります。誇り高いというのは、自分の存在そのものを信じているからこそです。

それは、年を重ねていくにつれ、または仕事などで成功体験を重ねるにつれて、より大きく確固たるものになっていきます。

社会的地位や収入、自分の目標や小さい頃からの夢、また信念から生まれた成《な》すべきことなど、人によってどの分野で活躍したいかは違いますが、どこの場所でもトップになれる素質を持っているのが獅子座男子なのです。

トップをとるというのは、どんな分野においても、そう簡単ではありません。

たとえ小さな会社であっても、信用と実績がなければ評価されトップになれることはないでしょう。大きい組織や特殊な才能が必要な分野なら、なおのことです。

ふつうなら「トップになんてなれない」と考えて、あきらめてしまうでしょう。けれども、獅子座はそうなる必要があると思えば、どんな努力もできるのです。

性格的には、少々自己中心的で、扱いにくい面もありますが、エネルギッシュに活動し、夢をかなえようと努力する獅子座男子は愛すべき存在です。

　獅子座男子にかぎらず、その人のことを知れば知るほど、欠点が目について、「やっぱりやめておこう」「こんな人とはつき合えない」と思うようになるかもしれません。

でも、欠点はお互い様です。そして、欠点は長所の裏返しです。

　そのことを理解して努力することに、私たちの生きる目的があります。

　獅子座男子と幸せになるには、彼を理解することです。

　注目されたい彼も、自信過剰な彼も、受け入れてあげることです。

　あなたが無理をする必要はありません。

　あなたはあなたのままで、つき合っていけばいいのです。

　彼が戸惑うこともあるかもしれませんが、彼なりに、あなたを理解しようとしてくれているのであれば、そのことを認めてあげてください。

　お互いに認め合うことができれば、一人と一人の人間同士、愛し、愛される関係を築いていけるのではないでしょうか。

おわりに 相手を理解して運命を好転させる

人は夜空に輝く星を、はるか昔から眺めながら生活してきました。それはただ美しいと感じるだけではなく、あるときは生きるために、あるときは王様や国の運命を見るために、星の動きや位置を見ていたのです。

昔の人は、月が欠けて見えなくなると大騒ぎでした。夜が真っ暗になるのは不安だったのです。反対に満月になると大喜びしたものです。

その月や星の動きや位置を、たくさんの人が関わりながら研究し、長い長い時間を経て、現代の私たちに伝えてきたのです。

さて、本書では、獅子座男子のいいところも悪いところも書いてきました。

性格にはいいも悪いもなく、長所と短所は背中合わせです。長所がいきすぎれば短所になり、短所と思っていたところが長所になることがあります。

獅子座は7月23日から8月22日（その年によって多少ズレがあります）のあいだに生まれた人です。西洋占星学では、一年は牡羊座から始まり、最後の魚座まで12の星座に分類しています。それぞれに長所があり、短所があります。

12星座で「いちばん成功する」獅子座男子は、あなたの星座によっては、ときに理解しがたい存在かもしれません。

自分の常識では、

「どうして、そんなふうに言うの？」

「どうして、そんな態度をとるの？」

と思うことも少なくないかもしれません。

けれども、「獅子座」の価値観や行動パターンを知れば、許せるかどうかはともかく、理解することはできるでしょう。

彼を理解することで、自分への理解を深めることもできます。

彼に対しての「許せないこと」は、あなたにとっての大切なことです。

それがわかれば、あなたのことを彼に理解してもらえるかもしれません。

獅子座は、夢をかなえ、社会で成功できる可能性がいちばん高い星座です。あなたのことを理解したなら、それまで以上に、あなたにとって強い味方となります。


ところで、早稲田運命学研究会は、２００９年2月25日（新月）、一粒万倍日に発足しました。

「一粒万倍日」とは、「大安」と同じように縁起のいい日のことで、「一粒の籾《もみ》が万倍にも実る稲穂になる」という意味です。結婚や開業、なにか新しいことをスタートするときには、この日を選ぶと繁栄します。反対に、この日に借金などをすると、借金が大きくなってしまうので避けなければなりません。

それはともかく、早稲田運命学研究会は、運命を読み解いていくことを目的として、私が主宰しているものです。

「運命」を読み解くには、その前に、そもそも「運命」とは何であるかを押さえておかなければなりません。言い換えれば、その人の「運命を決めるもの」とは何か、ということです。

これは、「占術」のジャンルで見ていけば、わかりやすいかもしれません。

つまり、姓名判断の人から見れば、「運命は名前によって決まる」というでしょうし、占星学でいえば、「生まれた星の位置で決まる」ということになります。

そう考えると、「運命を決めるもの」は、占い師の数だけあるといってもいいでしょう。それらのどれが正しい、正しくないということはありません。むしろ、そのすべてに一理ある、と私は思っています。

しかし、時に運と運命を一緒くたにしている人がいます。あるいは受けとる側が一緒くたにしてしまうことがある、ということもあります。

運命とは何かというときに、それは「運」とはまったく違うものだということを、しっかり憶えておきましょう。

「運」というのは、簡単に言えば、「拾えるもの」です。

「運命」は、「運」のように、たまたま拾ったりするものではありません。

「命を運ぶこと」が、「運命」です。

自分の命をどう運ぶか、ということ。そこに「たまたま」という偶然はありません。

それだけに非常に厳しいものだ、と考えなければならないものです。

あることがきっかけで運命が変わった、という人は多いでしょう。

たとえば、結婚をして運命が変わったとか、そこの会社に就職して運命が変わった、というようなことがあるでしょう。

結局は「そうなる運命」だったということもできますが、もしも「変わった」とすれば、それは、その人自身が、あるところで「自分の命の運び方」を変えたことによって起きたのです。

この「運命を変える」ことは、簡単ではありません。

ある日誰かがひょいと自分を持ち上げて、「うまくいかない運命の道」から「うまくいく運命の道」に置き換えてくれたら楽ですが、そんな「奇跡」は起こりません。

しかし、あなた自身が、自分の「命の運び方」を変えさえすれば、あなたの運命はあなたの望むように変えることができるのです。


私はもともと運命論者で、文芸誌の編集者時代に、芥川賞作家にして、手相学・人相学の天才ともいわれた五味康祐《こうすけ》に人相学・手相学をはじめとする「運命学」を直接学び、以来、独自に研究を重ねながら、運命に関する著作も多く執筆してきました。

当会顧問のアストロロジャー、來夢先生は、そんな私のことを「運命実践家」と呼びます。『12星座で「いちばんプライドが高い」牡羊座男子の取扱説明書』から始まり、「牡牛座」「双子座」「蟹座」に続いて、本書でも共に監修していただけたことに感謝申し上げます。

運命の本質を知ることは自分を知ることであり、人生を拓く大切な一歩になります。

本書『12星座で「いちばん成功する」獅子座男子の取扱説明書』を手にとってくださったあなたは、いま現在、獅子座の男子とつき合っているのかもしれません。これからつき合おうと思って読んでみたという人もいるでしょう。あるいは職場や仕事上で、獅子座の男性と関わりがあるという人も多いはずです。

いつも明るく、何をしても目立ってしまう獅子座男性とつき合っていくときに、ぜひ本書を脇に置いて、事あるごとにページをめくっていただけたら幸いです。

早稲田運命学研究会主宰
櫻井秀勲

●監修者プロフィール

來夢（らいむ）

アストロロジャー&スピリチュアリスト。星活学協会会長。経営アストロロジー協会会長。早稲田運命学研究会顧問。マイナスエネルギーをいかにプラスに変えるかという実用的な視点から占星学を活用。ＯＬ、主婦からビジネスマン、成功経営者まで、秘密の指南役として絶大な支持を得ている。著書に『月のリズム　ポケット版』『「あたりまえ」を「感謝」に変えれば「幸せの扉」が開かれる』（きずな出版）、『「運」の正体』（ワック）、『らせんの法則で人生を成功に導く　春夏秋冬理論』『運活力』（実業之日本社）、共著に『誕生日大事典』（三笠書房）他多数。

シーズンズＨＰ　http://www.seasons-net.jp/

櫻井秀勲（さくらい・ひでのり）

早稲田運命学研究会主宰。１９３１年、東京生まれ。東京外国語大学ロシア語学科卒業。文芸誌の編集者から31歳で「女性自身」の編集長に。当時、毎週１００万部の発行部数を維持し出版界では伝説的存在。文芸誌の編集者時代に、芥川賞作家にして、手相学・人相学の天才ともいわれた五味康祐に師事。人相学・手相学をはじめとする「運命学」を直伝。以来、独自に研究を重ねながら、占い・運命学を活用。著作は『運のいい人、悪い人』（共著、きずな出版）、『運命は35歳で決まる！』（三笠書房）、『日本で一番わかりやすい運命の本』（ＰＨＰ研究所）など２００冊を超える。

早稲田運命学研究会　公式ＨＰ　http://w-unmei.com/

12星座で「いちばん成功する」

獅子座男子の取扱説明書

2017年8月1日　初版第1刷発行

監　修　來夢、櫻井秀勲

著　者　早稲田運命学研究会

発行者　岡村季子

発行所　きずな出版

東京都新宿区白銀町1-13　〒162-0816

電話　03-3260-0391

振替　00160-2-633551

http://www.kizuna-pub.jp/

ブックデザイン　福田和雄（FUKUDA DESIGN）

編集協力　ウーマンウエーブ

印刷・製本　モリモト印刷

ISBN978-4-86663-005-2

きずな出版